HISTOIRE

DU

BOMBARDEMENT

DE PÉRONNE

1870—1871

-PÉRONNE — TYPOGRAPHIE RÉCOUPÉ, GRAND'PLACE, 15 ET 17.

HISTOIRE

DU

BOMBARDEMENT

DE PÉRONNE

(1870-1871)

PAR ACHILLE CARABY

EX-LIEUTENANT DE LA GARDE NATIONALE SÉDENTAIRE

PÉRONNE

LIBRAIRIE RÉCOUPÉ, GRAND'PLACE, 15 ET 17

1873

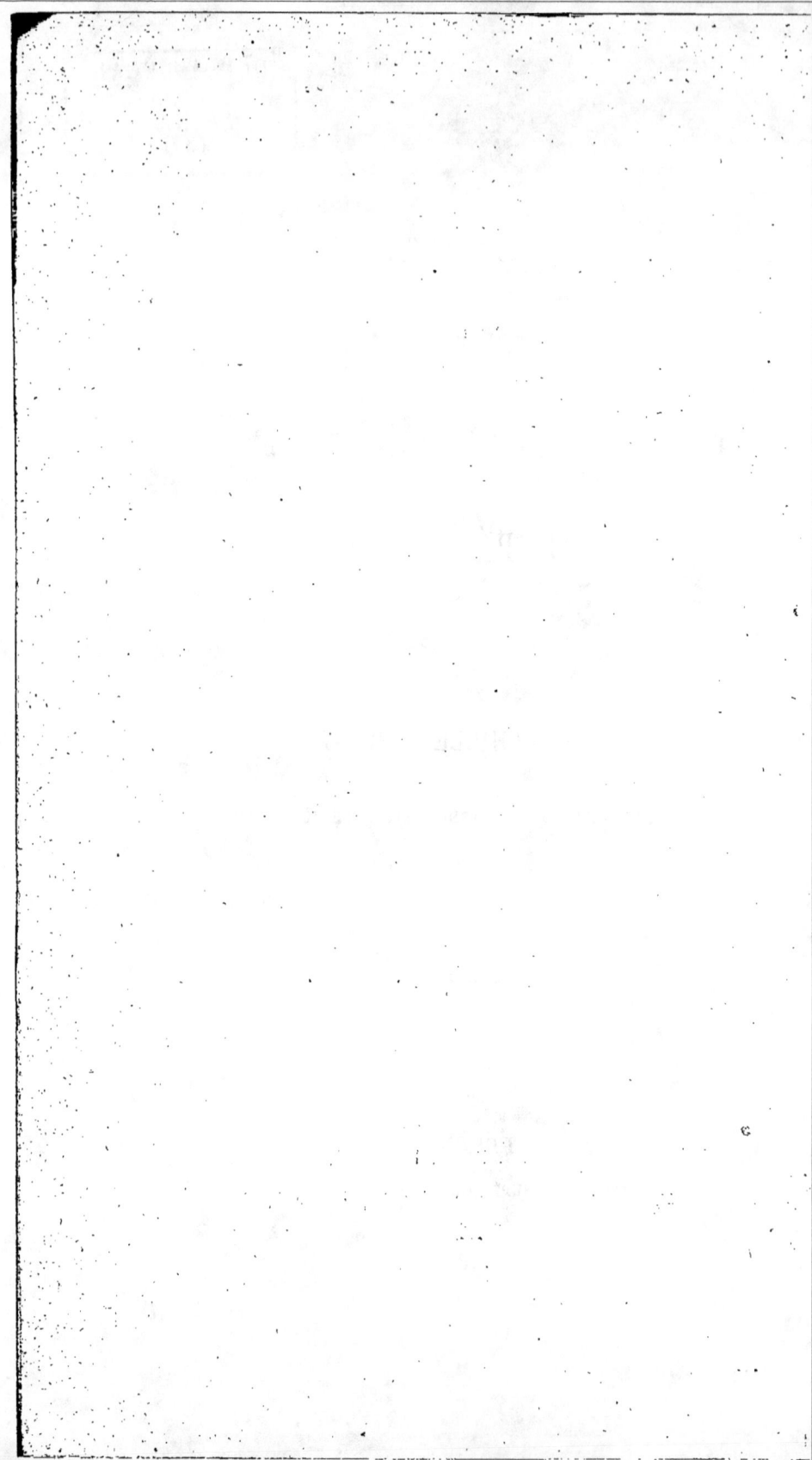

A LA MÉMOIRE VÉNÉRÉE

DE MON PÈRE,

NÉ A MÉTZ LE 14 MAI 1798,

MORT A PÉRONNE LE 30 JUILLET 1871,

CHEVALIER DE LA LÉGION D'HONNEUR,

MÉDAILLÉ DE SAINTE-HÉLÈNE.

———————

Père, quand à seize ans, engagé volontaire,
Tu combattais, sous Metz, l'horrible invasion,
Pouvais-tu croire alors qu'un jour la même guerre
Nous écraserait, nous, la grande Nation ?
La Prusse cependant, farouche, est revenue
Nous écraser encor... Père, du fond du cœur,
Je la hais et maudis, car, n'est-ce pas sa vue
Qui t'a fait succomber de honte et de douleur ?

ACHILLE CARABY.

Péronne, 1873.

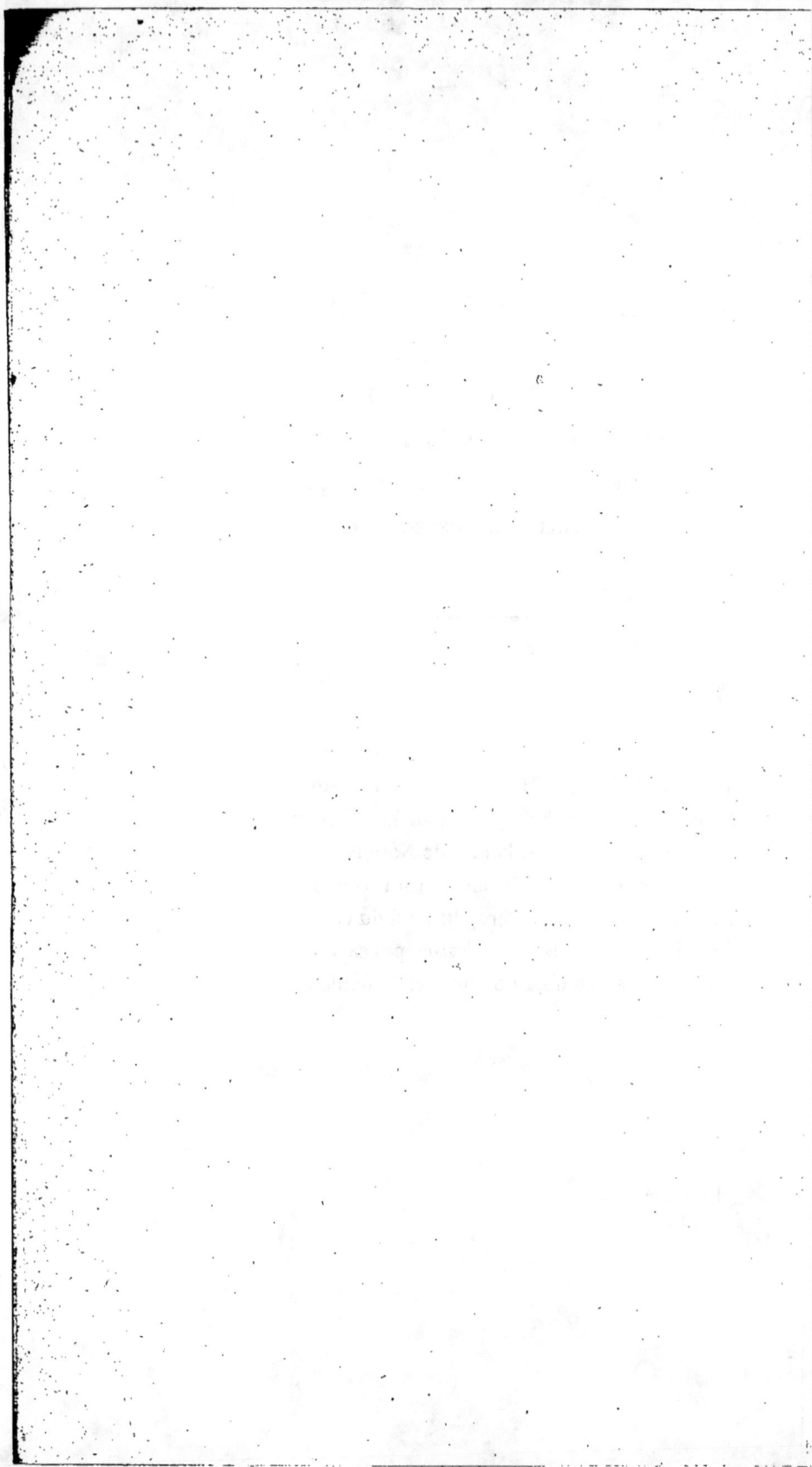

AVANT-PROPOS

Écrire l'histoire du Bombardement de Péronne froidement, sans passion, tel est mon but.

Le lecteur n'y trouvera pas accumulés ces menus détails qui, pour certains esprits, ont leur intérêt et leur importance. J'ai voulu, surtout, embrasser dans un coup d'œil général, presque philosophique, les diverses phases de ce siége qui, malgré ce qu'on en a pu dire, aura sa page glorieuse dans l'histoire.

Témoin oculaire de beaucoup des événements que je raconte, l'authenticité leur est, par cela même, acquise sans conteste, car c'est presque une nécessité, quand on veut écrire une histoire LOCALE, de raconter les faits DE VISU. En outre, des personnes honorables et dignes de foi m'ont fourni les renseignements qui pouvaient me manquer. Qu'elles en reçoivent ici mes sincères remerciements.

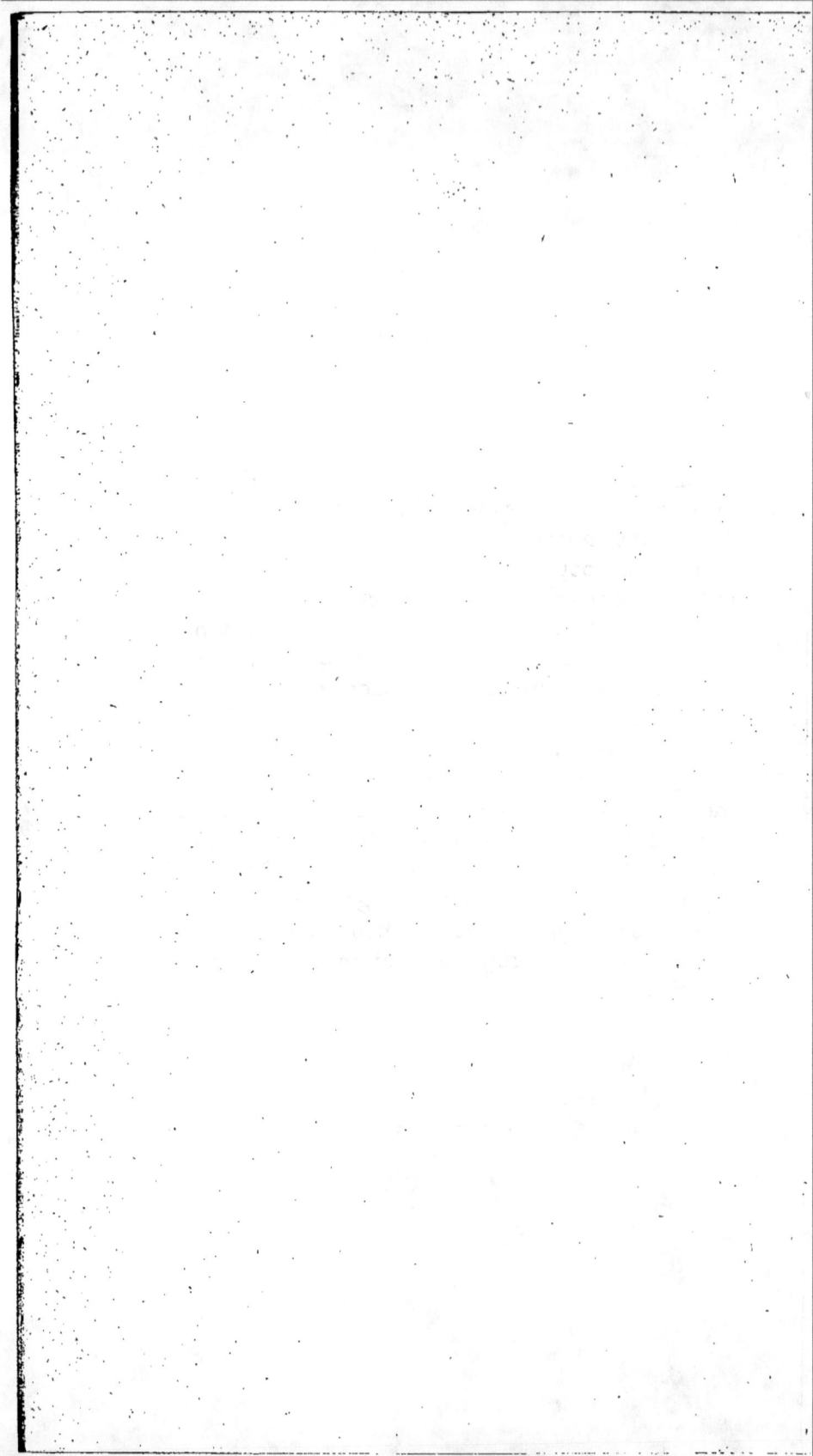

HISTOIRE

DU

BOMBARDEMENT DE PÉRONNE

(1870-1871)

CHAPITRE I

La Déclaration de Guerre

Lorsque, avec une témérité qui tenait de la folie, le gouvernement impérial eut, d'un cœur léger, déclaré la guerre à la Prusse, la fibre nationale tressaillit; le chauvinisme qui avait survécu au premier Empire entonna le chant du combat, croyant qu'il allait retrouver les triomphes du commencement de ce siècle.

Une grande partie de la nation, il faut l'avouer, accepta, joyeuse, la croisade contre la Prusse. Ne lui avait-on pas dit, du haut de la tribune, que la France était prête et que, pendant un an, « *on* » *n'avait pas besoin d'acheter un bouton de* » *guêtre.* » [1]

Mensonge ou forfanterie destiné à cacher la vérité! En effet, pendant que le pays se berçait d'espérances belliqueuses au bruit de ces rassurantes paroles, nos arsenaux étaient à moitié vides; nos magasins,

---

[1] Paroles du maréchal Le Bœuf à la tribune du Corps législatif.

qui auraient dû regorger d'armes et de munitions, manquaient de l'essentiel; nos places fortes étaient dans un déplorable état d'abandon; notre effectif était incomplet.

Cependant, et depuis 1859, la Prusse se préparait; elle ne s'en cachait pas autrement.

En 1867, lors de notre grande Exposition, elle n'avait pu résister au désir d'exhiber ses canons Krüpp. Et nous, esclaves endurcis de la routine et de l'amour-propre, nous pensions que rien, hors de nous, n'était bon et, haussant les épaules, nous riions. Notre rire a creusé les sillons de bien des larmes.

C'est ainsi que, forts d'une confiance d'enfants, nous entreprîmes cette guerre affreuse, épouvantable, qui nous reporte aux jours néfastes des vieilles invasions des Vandales et des Huns.

Une seule voix s'éleva contre cette entreprise folle : la voix de l'opposition. Thiers, Favre, Garnier-Pagès récriminèrent en vain. Ils étaient l'opposition; ils devaient rencontrer de sourdes oreilles. On leur donna tort; ils avaient raison.

Péronne devenue, par des circonstances de guerre, tête de ligne des places fortes du Nord, ne s'attendait pas alors à jouer un rôle actif dans ce drame militaire qu'on supposait devoir se dérouler en Allemagne. Aussi ne s'émut-elle pas autrement de cette guerre lointaine pour elle. Cependant quelques esprits froids et sensés s'inquiétaient. Nous verrons que leur inquiétude n'était pas vaine et comment il fut répondu à leurs justes observations sur la situation militaire de la ville.

CHAPITRE II

Péronne en 1536

C'est avec un légitime orgueil que Péronne parle du siége qu'elle soutint en 1536 et qu'elle a inscrit sur ses armes la fameuse devise : « URBS NESCIA VINCI. »

Urbs nescia vinci. — La Pucelle !

Où sont les temps où cette devise y fut inscrite pour la première fois ? Où les témoins de ce siége mémorable ? Où les héros de cette époque glorieuse ? Où Robert de la Marck, de Dammartin, de Sercus, d'Estourmel et tant d'autres qui versèrent généreusement leur sang pour la défense et l'intégrité de leur pays ?

Hauts faits quasi-légendaires, dévouement, bravoure de nos ancêtres, demeurez gravés en lettres de feu dans l'histoire, livre sacré, pour l'édification de l'avenir, pour la consolation du présent. Avec un légitime orgueil, rappelons-nous ces trente-trois jours de siége, ces assauts meurtriers, pendant lesquels, quatre heures durant, le canon grondait, le sang coulait, le feu répondait au feu, couchant dans nos fossés et sur nos courtines les Espagnols hautains de Henri de Nassau. Rappelons-nous jusqu'au trait de courage sublime d'une femme du peuple qui, soutenant les hommes par son exemple, luttait victorieusement contre l'assaillant.

Ah ! c'était alors le bon temps de la bonne guerre. Quand on exposait sa poitrine au fer de l'ennemi, l'ennemi se présentait en face. L'adversaire était franc, loyal ; il montait à l'assaut, s'adressant aux hommes de cœur et ne s'attaquant ni aux femmes ni aux enfants.

Mais nous, hommes de la génération présente, il nous était réservé, à notre plus grande douleur, de trouver devant nous des adversaires sans foi ni loi, pour qui la guerre est l'art d'attaquer le faible et l'impuissant.

Preux chevaliers des époques lointaines, grands capitaines des luttes épiques, vous avez dû, dans vos suaires glorieux, frémir d'une généreuse indignation aux lueurs des obus et des bombes incendiaires de nos ennemis de 1870.

Germains fourbes, Teutons vantards, vous n'avez pas vaincu ! Vous avez dévasté, anéanti, brûlé. C'est en vain que, pendant notre bombardement de treize jours et de treize nuits, je cherche de vous un trait de courage. Avez-vous tenté un assaut lorsque tout vous était propice ? Avez-vous seulement osé faire quelque démonstration énergique contre nous ? Un de vos bataillons s'est heurté à nos remparts. Nous espérions qu'il en voulait faire l'escalade ; aux premiers coups de canon, il a fui lâchement. Vous n'étiez que des reîtres, vous n'étiez pas des soldats !

Dans votre orgueil, plus grand encore que votre félonie, vous vous flattez d'avoir effacé le prestige de notre antique devise. Détrompez-vous. Depuis quand la torche ou le poignard donne-t-il à l'incendiaire ou à l'assassin le droit de toucher à l'honneur de la victime ?

Les auto-da-fé que vous avez allumés dans nos murs ont pu altérer notre fière devise ; ils n'en ont pas détruit la valeur.

Ou plutôt — vous avez raison — il nous faudra l'effacer. Mais, en d'autres termes, elle n'en sera pas moins glorieuse et demeurera gravée sur nos murailles et dans nos cœurs comme une preuve éternelle de vos hauts faits de guerre, comme une honte indélébile pour vous et vos descendants.

Le voulez-vous ? Le fronton de notre Hôtel de Ville ne portera plus ces mots :

URBS NESCIA VINCI

Il portera désormais ceux-ci :

INCENSA NON VICTA [1]

En 1536, Péronne était moins fortifiée qu'elle ne l'est aujourd'hui ; mais l'artillerie n'avait pas fait les progrès qui l'ont amenée à une perfection toujours croissante. A cette époque, la valeur de l'homme comptait dans un combat; on payait de sa personne, on se battait corps à corps ; les coups donnés étaient rendus et c'est par des assauts livrés, repoussés, repris de nouveau, que la lutte avait lieu sous les murs des places fortifiées.

A cette époque, Péronne avait à son service de vaillantes épées. Vingt fois le duc de Nassau tenta l'escalade de nos remparts, et, vingt fois repoussé, il dut lever le siége, renonçant ainsi à la tâche

[1] Brûlée mais non vaincue.

entreprise et reconnaissant, malgré lui, l'inanité de
ses efforts.

A cette époque, la sœur de Charles-Quint, gouver-
nante des Pays-Bas, demandait au comte de Nassau
comment il se faisait qu'il n'avait pu prendre un
pigeonnier comme Péronne. — « Madame, répondit
» le comte, c'est que dans ce pigeonnier il y a des
» aigles. »

A cette époque, les assiégeants combattaient et
n'incendiaient pas.

CHAPITRE III

Péronne en 1870

Péronne, ville de 4,000 habitants, est défendue par un système assez complet de fortifications et surtout par la Somme qui l'entoure et la baigne de tous côtés.

Des deux extrémités de ses faubourgs, qui sont fortifiés, la ville s'étend sur une longueur de trois kilomètres. L'intérieur du corps de place mesure, de la porte de Paris à la porte de Bretagne, un peu plus d'un kilomètre, et en largeur six cents mètres environ. Le nombre de ses maisons, dans ce périmètre, est d'à peu près sept cents.

Péronne, bien armée, dans un pays plat, exigerait, avant de tomber, un siége long et meurtrier pour l'assaillant.

Malheureusement, elle est dominée, à tous les points cardinaux, par des positions écrasantes : au Nord, le Mont-Saint-Quentin et Rocogne; à l'Est, Flamicourt et le Mesnil-Bruntel; au Midi, la Maisonnette et Biaches; à l'Ouest, le Quinconce.

Maîtresse de ces positions, la ville ne peut être que difficilement assiégée.

Protégée par des forts, des redoutes, des ouvrages en terre, elle tiendra l'ennemi à une telle distance qu'il lui sera, pendant bien longtemps, impossible de s'en rendre maître.

Que si, abandonnant la moindre circonspection et la plus légère prudence, on laisse à la disposition de l'ennemi les hauteurs qui avoisinent Péronne, on fait alors œuvre d'incurie et on livre sans défense ce que, dans de stériles proclamations, on appelle « *la sentinelle avancée des riches contrées du Nord.* » [1]

Depuis longtemps, on avait compris cette situation et Péronne, dépourvue d'ouvrages avancés, aurait dû être déclassée.

En 1865, je publiai quelques articles destinés à démontrer l'inanité de nos fortifications et, à ce moment, je n'avais en vue que la possibilité d'un siége régulier avec tranchées et ouvrages d'approche.

Je fis alors une campagne qui, malheureusement, n'aboutit pas. Nous en éprouvons aujourd'hui les terribles conséquences.

La plupart de nos concitoyens comprirent quel avantage immense résulterait pour eux du déclassement de Péronne. Ville ouverte, Péronne devait échapper aux horreurs d'un bombardement et devenir enfin florissante et prospère.

Je sollicitai du conseil municipal une délibération favorable à mon entreprise, et mes collègues l'adoptèrent, à l'unanimité, dans la séance du 1er février 1866.

Ce n'était pas tout. Il fallait que la population elle-même se mît à l'œuvre. En conséquence, la pétition suivante, recouverte de plus de mille signatures, dut être adressée à l'Empereur :

[1] Proclamation de M. le Commandant de la place du 2 décembre 1870.

« Sire,

« L'art moderne de la guerre et l'artillerie rayée ont
» rendu insuffisantes nos premières places de guerre qu'on
» augmente chaque jour de fortifications nouvelles.

» Péronne, ville de peu d'importance, pourrait, moins
» que toute autre, soutenir un siége et résister à un assaut ;
» ses murailles, vieilles et peu solides, sont à découvert en
» beaucoup d'endroits, *sans ouvrages extérieurs pour les*
» *protéger et dominées de tous côtés par les positions les plus*
» *favorables à une armée de siège.*

» Péronne n'a ni abris, ni magasins et les sacrifices
» énormes qu'exigerait sa mise en état de défense ne
» seraient jamais compensés par les services qu'on en
» pourrait attendre.

» L'importance de Péronne, à cheval sur la route de
» Flandre et défendant le passage de la Somme, a complé-
» tement disparu depuis que diverses routes convergent
» du Nord vers Paris et que la Somme est traversée
» par des chaussées nombreuses et praticables. 1815 est
» là pour le prouver.

» Péronne, place forte, a demandé un chemin de fer
» qui, au point de vue stratégique, devait offrir les plus
» sérieux avantages ; il lui a été refusé comme pour mieux
» démontrer son impuissance.

» Le démantèlement de Péronne serait un bienfait pour
» le commerce et l'industrie qui, dans un pays riche et
» productif, trouveraient un nouveau centre d'activité.

» C'est dans ces circonstances, Sire, que les soussignés,
» *confiants dans votre amour de la paix* et dans votre solli-
» tude pour les intérêts du commerce et de l'industrie,
» osent espérer que bientôt, grâce à votre haute initiative,
» les remparts de leur ville, désormais inutiles contre
» l'ennemi, seront renversés et que Péronne pourra
» s'agrandir et prospérer.

» Ils ont l'honneur, etc. »

Péronne, 1er décembre 1865.

(Suivent les signatures.)

2

Plus heureuse, ou plutôt plus chaleureusement défendue, Abbeville fut déclassée et Péronne resta ville de guerre.

Pour être logique, il fallait au moins élever les ouvrages extérieurs indispensables à la défense, alors surtout qu'on pouvait se trouver en face d'un ennemi qui brûle et n'assiége pas, qui attaque les maisons et les monuments publics et ne touche pas aux remparts.

Cet insuccès de la pétition devait être une ruine pour la ville, que nous trouvons encore, en 1870, telle qu'elle était en 1865.

Cependant, au début de la guerre, les journaux de Péronne réclamaient à grands cris l'édification d'ouvrages en terre au Mont-Saint-Quentin, à Rocogne, à la Maisonnette. Mais de quoi se mêlaient les journaux ? Est-ce que les hautes administrations du génie et de l'artillerie se souciaient de leurs *criailleries ?* N'étaient-elles pas là pour sauvegarder notre honneur et nos existences? Plus tard, nous verrons comment.

Dans le même temps, témoin de l'insouciance de la défense militaire en ce qui concernait les précautions à prendre dans l'intérêt de la résistance, je publiai dans la *Gazette* un article qui fut mal vu de l'autorité, à qui j'avais le tort de parler franc.

Je ne puis passer sous silence cet article qui se rattache essentiellement à mon sujet. Le voici dans toute sa teneur :

Trois redoutes s'il vous plaît ?

« Quand un homme veut se défendre, vous lui mettez en mains une arme destinée à protéger sa vie ou, tout au

» moins, à la vendre chèrement à l'ennemi. Sans cette pré-
» caution, vous risquez de vous entendre dire : « Mon bon
» monsieur, je suis tout prêt à me battre pour l'honneur du
» nom français, pour le salut de la patrie. Mais donnez-moi
» ce qu'il faut pour cela ou sinon... »

» Un tel langage ne peut être entaché de lâcheté. Il est
» essentiellement celui de la saine raison.

» Donc, si l'on veut de Péronne une défense, sinon
» héroïque, mais au moins énergique, donnez-lui de quoi
» se défendre. Je vois bien des canons sur nos remparts,
» des banquettes, des ponts-levis, des palissades. Mais,
» au-delà, je vois la Maisonnette, le Mont-Saint-Quentin,
» Rocogne, positions formidables à la disposition de l'en-
» nemi qui, sans courir grand risque, peut s'en emparer
» et nous envoyer, de là, de ces engins au pétrole contre
» lesquels le courage est impuissant. Ne pourrait-on pas y
» établir quelques ouvrages en terre de facile exécution
» qui garantiraient le corps de place de cet inconvénient?

» Un homme qui s'y connaît disait d'Huningue : *C'est
» un nid à bombes.*

» Que dirait-il de Péronne ?

» Je ne suis ni officier du génie, ni ingénieur, ni homme
» de guerre. Aussi n'est-ce que modestement, humble-
» ment, que je soumets ces simples observations aux
» hommes spéciaux qui peuvent, qui doivent en connaître
» et qui, j'en suis convaincu, n'y verront aucune intention
» de froissement. Je n'ai en moi que le désir bien naturel
» de provoquer une mesure destinée non-seulement à
» garantir la ville, mais encore à arrêter le plus longtemps
» possible un corps d'armée qui pourrait renforcer les
» troupes assiégeantes sous Paris. Et pour que, de suite,
» on sache mon sentiment au point de vue de la défense
» de la ville, JE SUIS POUR LA DÉFENSE QUAND MÊME.

» Péronne, en cas d'une attaque venant de l'intérieur,
» est la tête de ligne des places fortes du Nord. A elle sont

» réservés les premiers coups ; à elle il appartient de les
» recevoir bravement et, surtout, d'y répondre vigoureu-
» sement.

» Il est facile , m'assure-t-on , à un homme de remuer,
» par jour, plus d'un mètre cube de terre. Nous avons , à
» Péronne , 3,000 hommes de garnison. 1,500 hommes
» peuvent, sans inconvénient, être distraits du service de
» la place. Placez-en 500 par chaque redoute à construire ;
» exigez d'eux un travail sérieux et, au bout de huit
» jours , la besogne sera fort avancée, si elle n'est terminée.

» Ne pouvez-vous faire qu'une redoute ? Faites-la ; mais
» faites-la de suite , sans perdre une minute. Préservez un
» des côtés faibles de la ville , celui , par exemple , qui , à
» peu de distance , peut nous couvrir, nous et nos rem-
» parts , d'une plus grande grêle de projectiles.

» Me parlera-t-on des canons qui devront armer ces ou-
» vrages ?

» Que nos ports de mer, que Douai nous en envoient.
» Qu'au besoin même on en prenne sur nos remparts au
» lieu de les exposer à demeurer inactifs ou inefficaces vis
» à vis d'un ennemi maître des hauteurs et muni d'une
» artillerie de siége.

» Qu'on nous envoie aussi des hommes, de ces braves
» marins si familiers avec le canon ; en un mot, qu'on fasse
» ce que la raison, ce que le bon sens indiquent au point
» de vue d'une résistance sérieuse.

» Défendez, sauvez les abords de la ville, et vous aurez
» beaucoup de chances pour que la ville elle-même puisse
» se sauver ou du moins se défendre honorablement.

» Me dira-t-on que ces ouvrages avancés ne pourront
» tenir indéfiniment et que l'ennemi, après s'être emparé
» des hauteurs où ils seront établis, nous *canardera* à son
» aise en tournant contre la place l'artillerie qui les gar-
» nira.

» Je le reconnais. Mais ne vaut-il pas mieux lui faire

» payer chèrement l'avantage de ces positions que de les
» lui offrir bénévolement, naïvement, et lui donner de
» suite, suivant l'expression vulgaire, des verges pour
» nous fouetter. Et puis, six à huit canons sont bientôt
» encloués.

» Mais le matériel, mais les moyens d'action ? Les hom-
» mes ne suffisent pas au travail, il faut des outils.

» Le décret du 11 novembre 1870 a prévu l'objection et y
» a paré. Grâce à lui, les moyens d'exécution ne manquent
» pas.

» Le Gouvernement de la Défense nationale ne m'accu-
» sera pas de l'attaquer légèrement. Depuis qu'il a coura-
» geusement entrepris l'œuvre patriotique de chasser
» l'étranger, je l'ai soutenu, aidé dans l'étendue de mes
» forces restreintes. Mais il faut, de son côté, que la Défense
» nationale, par ses commissaires, par ses généraux, vienne
» en aide aux villes assez courageuses pour risquer leurs
» fortunes, leurs maisons, leurs existences et les secoure
» d'une manière efficace. La ville a déjà réclamé ces
» ouvrages et cependant rien ne se fait. Arrière l'égoïsme !
» Un peu plus de solidarité ! Il faut que la maxime : « Cha-
» cun pour soi, Dieu pour tous » soit rayée du dictionnaire
» de la guerre. Il faut qu'en cas d'investissement Péronne,
» comme La Fère aurait dû l'être, soit, après avoir résisté,
» bien certaine d'être aidée par une armée de secours.
» Changeons la tactique ancienne, abandonnons la vieille
» routine. Notre salut est là.

» Allons, Messieurs de la Défense, à l'œuvre ! Et vite !
» L'ennemi est à nos portes. Ce que, depuis deux mois,
» vous auriez pu et dû faire, faites-le en huit jours. Cela
» vous est facile.

» Après tout, est-ce que le mot impossible serait redevenu
» français. »

En écrivant ainsi, étais-je dans le vrai? Les événements répondent pour moi.

On m'accusait de dévoiler à l'ennemi les forces et la situation de la place. Bien naïfs ceux qui portaient contre moi cette accusation. Toute cette guerre n'a-t-elle pas prouvé que l'ennemi connaît la France aussi bien et mieux que nous?

Je veux ici rendre à M. le commandant Garnier la justice qui lui est due : Bien avant cet article, M. Garnier, ancien officier supérieur du génie, avait, dans dans un rapport du 20 octobre 1870, indiqué au commissaire de la défense de la région du Nord les ouvrages qu'il eût été bon de construire sur les hauteurs qui dominent Péronne.

A toutes ces justes observations il ne fut jamais répondu...

Réclamations, protestations contre la situation militaire de la place, tout fut donc besogne vaine, et Péronne, *armée contre un coup de main* (1), était destinée à un bombardement épouvantable, à l'incendie, à la ruine.

(1) Délibération du Conseil municipal du 4 septembre 1870.

CHAPITRE IV

La Garnison de Péronne

Réglementairement, la garnison de Péronne, sur le pied de guerre, doit être de 3,500 hommes de *troupes*. Elle en comptait à peine 3,000, presque tous mobiles et mobilisés et se décomposait ainsi :

1° La 2ᵐᵉ batterie de l'artillerie mobile de la Somme, sous le commandement du capitaine Léon Dehaussy, ancien élève de Saint-Cyr, ancien officier de l'armée.

Cette batterie, qui comptait environ 150 artilleurs, rendit de véritables services sur nos remparts. Quatre de ses hommes, d'entre les plus braves et les plus dévoués, furent décorés de la médaille militaire. Voici leurs noms :

COTTÉ, maréchal-des-logis, de Péronne.

FRANCE, brigadier, de Flamicourt.

DESSAINT et CAUDRON, canonniers, le premier de Cléry, le second d'Aizecourt-le-Haut.

2° Le dépôt de la mobile de l'arrondissement de Péronne, sous le commandement de M. Edmond Dehaussy, capitaine.

Ce dépôt comprenait 280 hommes dont une grande partie avait été attachée, à titre de *canonniers auxiliaires*, à l'artillerie et aux marins.

L'heure est venue de répéter que les canonniers auxiliaires, au nombre de cent, pris dans ce dépôt se sont bien conduits. Je n'en veux pour preuve que le passage suivant d'une lettre que j'ai reçue, en juin 1871, du lieutenant de vaisseau Poitevin qui s'y connaissait en fait de bravoure :

« Pour assurer le service et ménager à nos marins « un peu de repos, j'avais obtenu de leur adjoindre « 60 Mobiles pris dans la compagnie de M. Edmond « Dehaussy. *Ces jeunes gens ont bravement fait* « *leur devoir; je n'ai eu qu'à me louer d'eux.* Je « citerai entr'autres *Charre, Thieulard* et *Mabil-* « *lotte;* les deux premiers ont été blessés. Si vous les « nommez, je crains bien que ce soit leur seule « récompense..... »

Cette récompense est insuffisante en ce qui concerne notamment Louis *Charre*, tisseur à Longueval, qui a reçu au poignet une blessure excessivement grave. Puissent ces lignes éveiller en sa faveur une légitime sollicitude !

3° Le dépôt du 1ᵉʳ bataillon des Mobiles de la Somme (Abbeville) comprenant une compagnie bien instruite, bien équipée. Capitaine : Delzant. Cette compagnie était forte de 260 hommes.

4° Le dépôt du 3ᵐᵉ bataillon des Mobiles de la Somme (Amiens) fort de 125 hommes, sous le commandement du lieutenant Legendre.

5° Le 2ᵐᵉ bataillon des Mobiles du Pas-de-Calais commandé par le chef de bataillon Cavelier, ancien militaire, chevalier de la Légion d'honneur. Trois officiers de l'armée, également décorés, MM. Morris, Rebout et Fichet en faisaient partie. Ce dernier était à la tête d'une compagnie d'éclaireurs. La force de ce bataillon était de 1,107 hommes.

6° Le 3me bataillon de la 3me légion des Mobilisés de la Somme (arrondissement de Montdidier), fort de 900 hommes, sous le commandement du lieutenant-colonel G. Gonnet, chevalier de la Légion d'honneur depuis 1848, nommé officier depuis le siége. Il était secondé dans son commandement par le capitaine Boutiot, de Roye, faisant fonctions de chef de bataillon.

Faut-il avouer que ces hommes, qui firent cependant un bon service durant leur séjour à Péronne, n'avaient jamais tiré à la cible ni fait l'exercice à feu?

7° Le dépôt du 43me de ligne commandé par le lieutenant Leroy et généralement composé de mauvais soldats, fuyards ou échappés de Sedan et de Metz. L'effectif était de 139 hommes.

8° Une compagnie de fusiliers-marins du port de Brest, la 5me du 1er, ayant à leur tête le lieutenant de vaisseau Poitevin, homme brave et résolu, l'enseigne Marion et le premier quartier-maître Lohou, chevalier de la Légion d'honneur, vieux loup de mer, excellent pointeur. Cette compagnie comptait 128 hommes dont trois pointeurs brevetés.

Le lieutenant Poitevin et le quartier-maître Lohou, à raison de leur conduite pendant le bombardement, reçurent : le premier, la croix de chevalier de la Légion d'honneur ; le second, une médaille d'or grand module.

9° Un bataillon de garde nationale sédentaire fort d'environ 425 hommes comprenant trois compagnies et une subdivision de sapeurs-pompiers. Ce bataillon, d'abord commandé par M. G. Gonnet, le fut, pendant le siége, par M. L. Cadot, capitaine de la 3me compagnie, nommé chef de bataillon provisoire.

A côté de ces troupes régulièrement organisées, se trouvaient quelques hommes d'une compagnie de francs-tireurs de la Somme dissoute ou au moins disséminée.

A l'exception d'une faible partie du dépôt du 43ᵉ et des fusiliers-marins, dont beaucoup étaient de jeunes soldats, peu d'hommes avaient vu le feu.

Les Mobiles du Pas-de-Calais, ceux de la Somme et les Mobilisés de l'arrondissement de Montdidier, mal armés, mal équipés, inexpérimentés, étaient trop voisins de leurs villages pour faire un excellent service. Chaque jour, leurs parents, leurs femmes, leurs enfants, leurs amis venaient les visiter. Au départ, ce n'était que plaintes et larmes. L'ennui venait; l'énergie disparaissait.

Difficilement, le courage triomphe des entraînements de l'amour ou de l'amitié. Irrésistibles aspirations du cœur qui, de loin, vous envolez vers le clocher natal, comme vous émoussez les âmes les mieux trempées! Faiblesses de l'humaine nature, combien n'êtes-vous pas plus puissantes encore lorsque, de près, vous entendez la voix des personnes aimées!

En outre, ces jeunes gens logés la plupart chez l'habitant, au lieu d'être casernés, manquaient à cause de cela même, de la discipline nécessaire.

Tel était l'ensemble des troupes enfermées dans Péronne et dont une partie demandait à sortir de ses murs plutôt qu'à les défendre.

CHAPITRE V

L'armement de la Place. — Ses approvisionnements

Pour être complétement armée, Péronne doit avoir en batterie 88 bouches à feu.

Ces 88 pièces formant l'*armement de défense* se décomposent ainsi :

1° PIÈCES RAYÉES :

.9 canons de 4 de campagne ;
5 canons de 12 de siége ;   } 27
13 canons de 12 de place et côtes ;

2° PIÈCES A AME LISSE :

20 canons obusiers de 12 ;
9 obusiers de 16 ;
14 canons de 16 lisses ;
5 obusiers de siége, de 22 ;   } 61
2 mortiers de 15 ;
5 mortiers de 22 ;
Et 6 mortiers de 27.

Total. 88

Au lieu de ces 88 pièces, Péronne n'en avait que 49 dont 45 en batterie. Sur ces dernières, *treize* seulement pouvaient sérieusement lutter. C'était des pièces rayées de 12 et de 30 disséminées sur tout le périmètre de la Place. Les autres, à âme lisse, n'avaient qu'une portée *maximum* de 7 à 1200 mètres.

Voici, au surplus, la désignation des pièces se trouvant dans la place, au moment du siége :

13 pièces de 12 rayées de position ;
2 pièces de 30 rayées de marine ;
6 canons de 16 de position ;
2 canons de 8 de campagne ;
4 obusiers de 22 ;
9 obusiers de 16 ;
2 obusiers de 15 ;
6 canons-obusiers de 12 ;
3 mortiers de 22 ;
2 mortiers de 15.

Total : 49 pièces réparties comme suit :

A l'Ouvrage de Bretagne :

Deux pièces de 12 rayées et blindées, à la demi-lune Colbert. Objectif : les routes de Doingt et Roisel et les hauteurs de Rocogne.   2

Un canon-obusier de 12 dans le flanc retiré de gauche du même ouvrage. Objectif : Saint-Denis.   1

Un obusier de 16, au nord de la brasserie Marchandise, au saillant 8. Objectif : Saint-Denis   1

Un obusier de 16, non loin et à droite du saillant 8. Objectif : la route de Cambrai. . .   1

Un obusier de 16, à la face droite du bastion 8 de l'ouvrage de Bretagne. Objectif : les fonds de Doingt et la maison Forget   1

A Reporter.   6

REPORT. 6

Un obusier de 15, même face. Objectif : les fonds de Doingt vers Flamicourt 1

Un canon-obusier de 12, à droite et au-delà de la traverse du bastion 8. Objectif : les hauteurs de Rocogne 1

Au bastion Saint-Sauveur,

(Retranchement 12 bis) :

Une pièce de marine, blindée, à double embrasure vers Rocogne et Mont-Saint-Quentin 1

Un obusier de 16, auprès et à droite de la pièce de marine. Objectif : Rocogne. . . . 1

Une pièce de 12 rayée, à gauche des deux précédentes, au saillant 12. Objectif : le Mont-Saint-Quentin et le Quinconce. 1

Au bastion Vendôme :

Une pièce de 12 rayée, au saillant 11, en avant et à gauche du bastion Saint-Sauveur. Objectif : route de Cambrai et Saint-Denis. . 1

Au bastion 33 dit bastion royal :

Un canon de 16, en avant et au pied de la traverse. Objectif : la route et les fonds de Doingt vers Flamicourt 1

Un obusier de 22, à droite de la traverse, au saillant, commandant le passage de la Somme vers Flamicourt. 1

Un obusier de 15 et un canon-obusier de 8, sur le flanc droit du bastion, presque en face de la caserne. 2

A REPORTER. 16

REPORT. 16

Un obusier de 16, à la droite de ces deux dernières et faisant face à la partie Est de la caserne, balayant les hauteurs depuis Doingt jusque vers le Mesnil-Bruntel. 1

L'obusier de 15 et le canon-obusier de 8, placés au flanc droit du bastion royal, étaient destinés à contrebattre, en cas d'attaque de vive force par les eaux Dehaussy, tout le flanc de la courtine vers Flamicourt.

Au bastion 48,

(Entre le Collége et les moulins Damay) :

Deux canons-obusiers de 12, sur le flanc gauche, correspondant aux pièces du flanc droit du bastion royal et ayant le même but. 2

Une pièce de 12 rayée, à gauche des deux précédentes et derrière les jardins du sieur François, horticulteur. Objectif : les hauteurs de Flamicourt vers le Mesnil-Bruntel. . . 1

Aux ouvrages du faubourg de Paris :

Deux pièces de 16, en arrière et sur la gauche du pont-levis du canal, au bastion 42, face droite. Objectif : la digue du canal en aval vers Eterpigny et la route de Flandre vers Villers. 2

Deux pièces de 16, dans la Couronne de Paris, aux bastions 39 et 41, à droite et au-delà du pont-levis. Elles commandaient les routes de Flandre, Barleux, Biaches et les hauteurs de la Maisonnette, vers le moulin Boutroy. 2

A REPORTER. 24

Report. 24

Un obusier de 16, dans la même Couronne, au pied d'une traverse vers l'Ouest, regardant le canal et la Maisonnette. 1

Au Pâté-Noyé,

(Ouvrage en terre au milieu des eaux Décamps) :

Deux canons-obusiers de 12, battant les hauteurs vers Barleux, la digue du canal vers Biaches et les hauteurs de la Maisonnette. 2

Au bastion 34,

(En-deça de la Porte de Paris, contre les moulins Damay) :

Un obusier de 16, battant les eaux Décamps 1

Au bastion 33,

(A droite des moulins Damay et en avant de la poterne 26) :

Une pièce de marine, blindée. 1
Trois pièces de 12 rayées. 3
Ces quatre pièces avaient pour objectif les hauteurs vers Biaches et la Maisonnette.
Un mortier de 22, derrière la traverse du bastion 33. 1

Au bastion 24,

(Près de la salle d'artifice) :

Un obusier de 22 et un de 16, battant les crêtes vers Maismont et Halles. 2

Au Château :

Un obusier de 16, battant Sainte-Radegonde et les fossés de la place vers la poterne 26. . 1

A Reporter. 36

REPORT. 36

Un obusier de 22, battant les crêtes du Quinconce. 1

Au bastion 13, dit bastion Richelieu ou de la Poudrière :

Deux pièces de 12 rayées, face gauche, battant les avancées de la porte Saint-Nicolas et fouillant les hauteurs vers Halles. 2

Un obusier de 22, au saillant, regardant le Quinconce. 1

Une pièce de 12 rayée, face droite, battant le Quinconce, le cimetière et le Mont-Saint-Quentin 1

Une pièce de 16, même face. 1

Un canon-obusier de 8, à la corne de l'ouvrage avancé donnant sur le cimetière, dit le saillant 13 bis 1

Deux mortiers de 22, au pied de la banquette, entre les rues Porte du Nord et du Pot-d'Etain. 2

En réserve à l'arsenal :

Deux pièces de 12 rayées. 2

Deux mortiers de 15 2

Total égal des pièces dans la place. . . 49

Les 45 pièces en batterie étaient servies, savoir :

Celles du faubourg de Paris, des bastions 48 et 34, du Pâté-Noyé et du Château, par l'artillerie mobile. Capitaine : L. Dehaussy. Lieutenants : Panien et Dermigny.

Celles de la batterie Damay, bastion 33, bastion 24, bastion Richelieu, bastion Saint-Sauveur, par les

ARMEMENT DES FORTIFICATIONS
DE
PÉRONNE

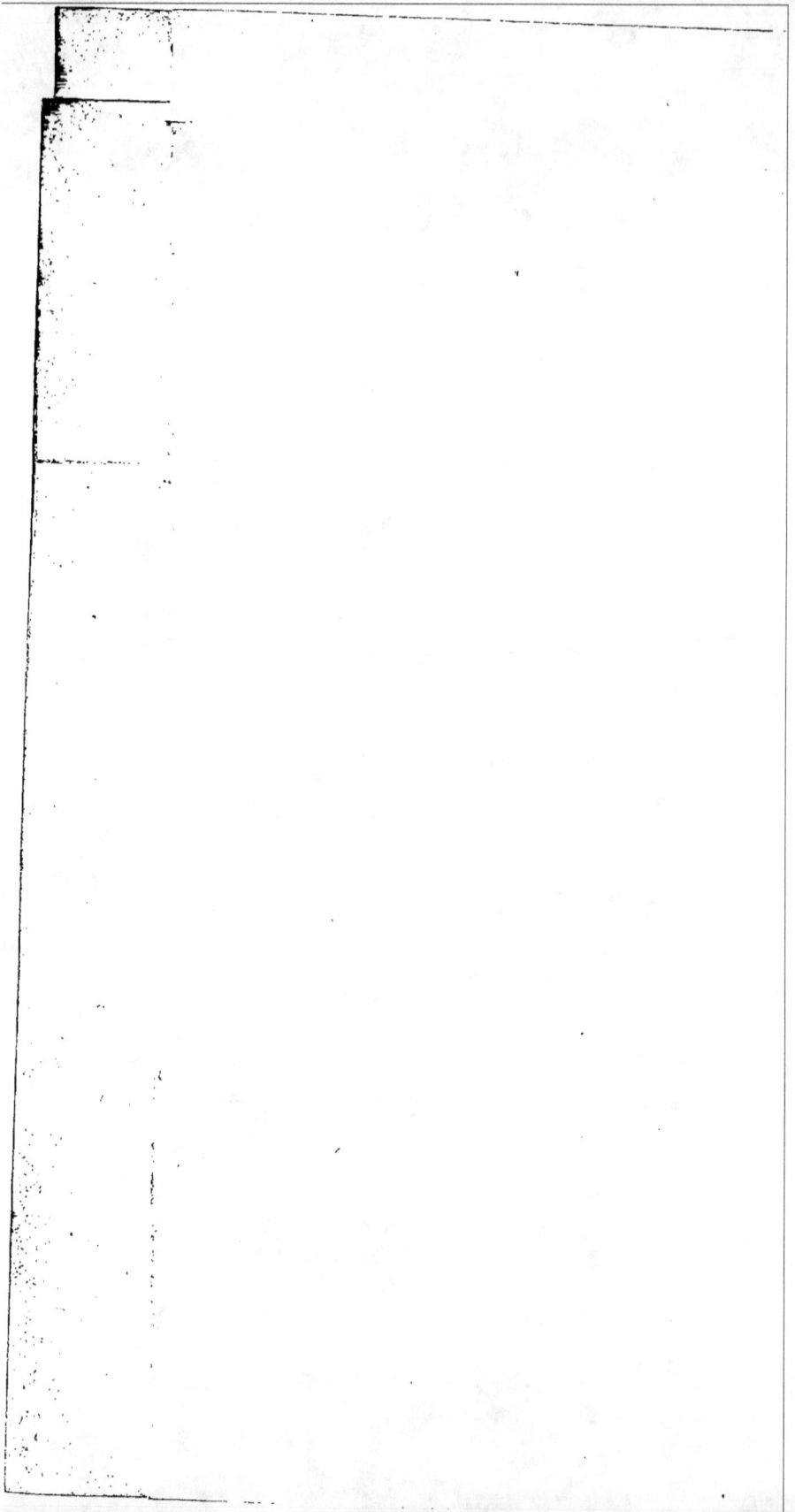

marins. Officiers : Poitevin, Marion, enseigne, et Lohou, quartier-maître.

Celles de Bretagne, du bastion royal et vers la caserne, par les canonniers auxiliaires de la mobile. Capitaine : Edmond Dehaussy. Lieutenant et sous-lieutenant : Carpeza et Vermond.

La compagnie de fusiliers-marins a contribué à l'établissement des pièces en batterie déjà commencé par les artilleurs de la mobile et les canonniers auxiliaires.

Quelques palissades insignifiantes, quelques banquettes le long des talus achevaient le système de défense de la place.

C'est dans cet état que la « *sentinelle avancée des riches contrées du Nord* » dut recevoir le choc d'une artillerie formidable bien supérieure à la sienne et par le nombre et par sa perfection.

Il faut ajouter cependant que les approvisionnements en vivres et munitions de guerre étaient aussi abondants que possible. La nourriture de la garnison et de la population était assurée pour quarante jours au moins et, dans les magasins de l'artillerie, il y avait près de 40,000 kilogrammes de poudre à canon, de 17 à 18,000 projectiles pleins ou creux et environ 700,000 cartouches pour chassepots, fusils à tabatière et à percussion.

CHAPITRE VI

Les Autorités militaires

Un Commandant de place, ayant rang de chef de bataillon; un chef d'escadron d'artillerie; un chef de bataillon du génie composaient le haut état-major chargé de veiller au salut de Péronne, d'organiser la défense et de concilier les intérêts des habitants avec les exigences du devoir.

Leurs portraits peuvent être esquissés en quelques traits :

M. GARNIER.

Ancien chef de bataillon du génie, chevalier de la Légion d'honneur, médaillé de Crimée, décoré du Medjidié, M. Garnier avait été un bon officier du génie; son nom est glorieusement cité dans les annales de la guerre de Crimée.

Mais avait-il les qualités d'un bon commandant de place ?

Homme excellent, mais caractère indécis, il manquait de l'initiative nécessaire aux chefs. Absorbé par le travail de bureau et par la paperasserie, qui lui étaient mal à propos imposés, il ne donnait pas aux troupes sous ses ordres l'impulsion dont elles avaient besoin. Il est vrai qu'une décision ministérielle du mois de septembre 1870 enjoignait aux commandants de place de ne pas s'immiscer dans le service des officiers d'artillerie et du génie qui ne relevaient que de leurs directeurs. Par suite, M. Garnier ne peut être responsable des faits et gestes des officiers supérieurs de ces deux armes.

Alors que son devoir strict lui imposait de ne se rendre qu'à la dernière heure, il écouta la voix de l'humanité, se laissant toucher par les infortunes sans nombre qui gémissaient aux portes de sa casemate, et cédant à la majorité de son conseil de défense qui vota la capitulation. Lui seul en subit la dure responsabilité et compromit son nom et sa situation militaire. Et cependant beaucoup de ceux-là même qui imploraient sa miséricorde, au moment du danger, l'ont depuis audacieusement injurié. Ce que je reproche le plus à M. le Commandant Garnier, c'est, avant l'investissement, de, n'avoir pas fait évacuer la ville par les femmes, les enfants et les vieillards. Cette mesure prise, il est à penser que le vieux renom de Péronne et son honneur militaire eussent été saufs.

M. DE BONNAULT.

Le portrait de M. le chef d'escadron d'artillerie de Bonnault sera bref à tracer. Amour de la routine, absence d'initiative, tels en sont les traits principaux. Néanmoins, du sang-froid et du courage.

Pour obtenir quelques mauvais fusils, quelques accessoires insignifiants, qu'on devait plus tard livrer aux Prussiens, il fallait, selon l'expression vulgaire, la croix et la bannière. C'était à décourager les plus résolus.

Je l'ai dit, l'armement de la Place était plus qu'insuffisant. Malgré cela, un certain nombre de pièces, faute d'affûts, dormaient, inutiles, dans l'arsenal. L'observation en fut publiquement faite dans la *Gazette de Péronne* du 23 octobre 1870. L'autorité militaire fut une fois encore mécontente et se trouva froissée dans son infaillibilité. Cependant, on construisit à la hâte des affûts en bois vert et, le croira-t-on, ils ne furent même pas garnis de ferrures. Aussi, arriva-t-il plusieurs fois, au moment du feu, que ces affûts incomplets se brisaient, laissant à terre leurs pièces hors de service.

M. PEYRE.

Sous-Préfet de l'Empire à Péronne, après avoir été chef de bataillon du génie, M. Peyre, à l'avénement de la République, avait pu rentrer, malgré la limite d'âge, dans son ancien grade. Comme Sous-Préfet, il avait été remplacé ici par M. Blondin.

Méridional de tête et d'accent, M. Peyre s'exprimait difficilement et, malgré cela ou peut-être bien à cause de cela, il était dévoré du désir insatiable de parler.

Croyant, avec sincérité et bonhomie, que l'art de la guerre est encore ce qu'il l'avait connu autrefois, il déployait une activité digne d'un meilleur sort à faire construire des palissades et des banquettes, comme si l'histoire de cette guerre ne nous avait pas appris que Messieurs les Prussiens brûlent les maisons des citoyens inoffensifs et ne montent jamais à l'assaut.

Chargé, comme chef du génie, des travaux de fortification, M. Peyre ne devait accepter son mandat qu'après avoir exposé au comité de défense de la région du Nord la situation précaire de Péronne et avoir sollicité de lui les ressources nécessaires pour y remédier.

L'a-t-il fait ?

S'il l'a fait, le comité de défense de la région du Nord est coupable d'une faute lourde, d'un abandon inexplicable vis-à-vis de nous, étant donné que la position de Péronne fût nécessaire à l'exécution de ses plans stratégiques.

Mais je doute que M. le Commandant du génie ait accompli la démarche que je signale. En effet, dans une conférence restée célèbre et qui eut lieu à la salle de la Justice de Paix, le 27 novembre 1870, il exposait que Péronne, pour se défendre, n'avait nullement besoin d'ouvrages avancés et qu'après tout un bombardement était la chose la plus simple du monde et la plus facile à supporter et à combattre. On ne pouvait bombarder, selon lui, qu'après certains travaux préparatoires qui demandaient dix à douze jours, pendant lequel temps chacun prenait ses précautions et se préparait un abri sûr et commode. L'expérience a démontré qu'il suffit d'une heure pour cela.

Avec une conviction robuste qu'il était loin de faire partager à son auditoire, M. le Commandant du génie conseillait de se mettre à l'affût des bombes, comme un chasseur se met à l'affût du gibier. Un verre d'eau suffit pour éteindre l'incendie qu'elles allument. L'essentiel, bien entendu, est de ne pas se laisser occire avant ou pendant l'opération. On voit que cela est d'une simplicité primordiale.

Depuis longtemps, le siége de Péronne était prévu. La formation de l'armée du Nord l'exposait chaque jour à la visite de l'ennemi. Un bombardement, tout anodin qu'il pût être, était imminent puisque l'on indiquait les moyens de le combattre. On savait bien que la population civile : femmes, enfants, vieillards, ne pouvait y rester impunément exposée sans protection et sans abri. Et cependant les casemates n'étaient pas prêtes !

« Vous avez des caves! disait monsieur le Comman-« dant du génie, servez-vous-en ! »

Mais beaucoup n'en avaient pas; d'autres n'en avaient que de peu solides et incapables de résister au poids et au choc de lourds projectiles. Ajoutons qu'un grand nombre de personnes en ont été chassées par l'incendie ou l'écroulement de leurs maisons. Dans plusieurs d'entr'elles, on a été obligé de fuir par les soupiraux.

Il est vrai que M. le Commandant du génie avait, pour sa famille, une excellente casemate au Château.

CHAPITRE VII

Les proclamations civiles et militaires

Je reproduis, par ordre de date, les principales proclamations concernant Péronne qui, pendant la guerre, furent affichées sur nos murs ou reproduites par nos journaux.

Proclamation du 9 août 1870

ÉTAT DE SIÉGE

Par décret du 8 août, l'état de siége est déclaré dans les départements de la 3ᵐᵉ division. Cette mesure est nécessitée par l'étendue des frontières de ces départements et le grand nombre de leurs places fortes..

L'état de siége concentre, entre les mains de l'autorité militaire supérieure, tous les pouvoirs dont l'autorité civile est revêtue, pour le maintien de l'ordre et la police.

Les attroupements et les rassemblements sont défendus.

Il est interdit de publier, d'afficher tout écrit, nouvelle à sensation, dépêche télégraphique tendant à émouvoir ou à exciter l'esprit public qui n'auront pas été revêtus de la sanction de l'autorité compétente.

Les établissements publics tels que cafés, brasseries, estaminets, dans lesquels il serait commis le moindre désordre, seraient fermés immédiatement.

Le service des places, la garde des établissements, sera fait par la troupe de ligne avec le concours des gardes nationaux sédentaires et des gardes mobiles dont l'organisation sera terminée sous peu de jours.

Le général de division, commandant supérieur de l'état de siége de ces départements, compte aussi pour l'aider dans cette tâche, sur le patriotisme dévoué des canonniers sédentaires des villes de Lille et de Valenciennes, dont la réputation de valeur et d'énergie est séculaire.

Dans les circonstances grandes où nous nous trouvons, il faut que chaque citoyen sache obéir à la loi.

Le général de division connaît depuis longtemps l'excellent esprit des populations des départements de la 3me division militaire et particulièment celui des habitants de la ville de Lille ; il fait un appel à leur patriotisme et il ne doute pas qu'il ne soit entendu.

Fait au quartier général, à Lille, le 9 août 1870.

Le général de division, commandant la 3me
division militaire et l'état de siége des
départements de la 3me *division militaire,*

Baron FRIRION.

Proclamation du 4 Septembre 1870

LE CONSEIL MUNICIPAL AUX HABITANTS DE PÉRONNE

En présence des douloureuses nouvelles publiées ce matin, le conseil municipal tout entier s'est réuni sur le champ.

Le danger n'est pas immédiat, mais il importe de mettre la ville *à l'abri d'un coup de main et de pouvoir repousser avec succès l'incursion de quelques coureurs ennemis ou de quelques bandes de gens sans aveu. Dans ce but,* la défense s'organise ; il sera pourvu aux approvisionnements.

Que chaque citoyen vienne en aide aux efforts de l'autorité en rassurant les timides et en concourant avec dévouement à l'organisation de la défense commune et au salut de tous.

ÉNERGIE ET CONFIANCE !

VILLEMANT,	CHARLARD,
BUCQUOY,	FOURNIER,
FERNET,	LARCHER,
MARCHANDISE,	VILLEMANT, Abel,
COUSIN,	MICHEL,
DOUVILLÉ,	d'AUBIGNY,
ANDRÉ,	DAMAY,
WAXIN,	CARABY,
BALLUE,	DESAVOYE,
FRANÇOIS,	CORDIER,
DANICOURT, Albert,	CADOT.

Proclamation du 4 septembre 1870

A LA

GARDE NATIONALE DE PÉRONNE

Camarades,

Hier soir je m'exprimais ainsi devant vos officiers et délégués :

Le moment n'est pas aux longs discours ; je vous dirai simplement que vous pouvez compter sur moi comme je compte sur vous pour la défense de la ville. Je fais appel à la conciliation ; mettons sous les pieds toutes nos dissensions intestines ; n'ayons qu'une seule pensée... *le salut de la Patrie !*

A demain la distribution des armes et des cartouches ; il ne s'agit pas de parade, mais bien de faire le coup de fusil.

CONCORDE ET BONNE VOLONTÉ

Bonne volonté surtout parmi ceux qui se sont fait inscrire dans la réserve. Pas d'abstention !

Camarades,

Soyons unis et la France sortira victorieuse de la rude et cruelle épreuve qu'elle subit en ce moment.

G. GONNET,

Commandant de la garde nationale de Péronne.

Cette proclamation parut en même temps que la suivante :

Messieurs et chers Concitoyens,

Notre arrondissement est menacé d'être envahi par des bandes prussiennes peu nombreuses, par des maraudeurs qui rançonneront nos campagnes, les saigneront à blanc en vivres et bestiaux.

Chasseurs, nous avons des armes et des munitions à vous donner ; comptons-nous et entendons-nous dans chaque commune pour nous défendre contre les pillards.

Désignons des chefs ; prenons des points de réunion en cas d'alerte.

Nous ne pouvons lutter qu'unis. — Si l'ennemi est trop nombreux, repliez-vous sur Péronne ; les portes vous en sont ouvertes. De concert avec vous, nous chasserons du pays les maraudeurs étrangers.

Arrivez donc de suite pour vous compter, vous armer et nommer des chefs.

Organisés de cette façon, nous nous réunirons au premier signal, et nous ferons une défense sérieuse.

LE COMITÉ DE DÉFENSE :

Le commandant de place, GARNIER.
Le sous-préfet de l'arrondissement, PEYRE.
Le commandant de l'artillerie, DE BONNAULT.
Le commandant de la garde nationale, G. GONNET.
Le commandant de l'artillerie de la garde mobile, L. DEHAUSSY.
Le commandant de la garde mobile, E. DEHAUSSY.
Le commandant du génie, COLART.

Proclamation du 8 septembre 1870

RÉPUBLIQUE FRANÇAISE

PLACE DE PÉRONNE

9me DIVISION MILITAIRE

ÉTAT DE SIÉGE

Dispositions à prendre pour le cas où l'approche de l'ennemi serait signalée.

Dans les circonstances graves où nous nous trouvons, le général de division commandant l'état de siége rappelle que toutes les places fortes, quel que soit l'état de leur armement, doivent, dans le cas où elles seraient attaquées, se défendre jusqu'à la dernière cartouche et le dernier biscuit. Tous les commandants de place doivent rester sourds à des propositions de capitulation et faire arrêter, pour être traduite devant un conseil de guerre, toute personne qui conseillerait un pareil acte de faiblesse.

Le général de division sait qu'il peut compter sur l'énergie, la vigueur et l'esprit de patriotisme des populations. Le général de division rappelle encore à MM. les Commandants de place que leur autorité, quant aux dispositions à prendre pour l'abattage des arbres, la démolition des habitations dans la zone de défense, les inondations générales, etc., ne commence que lorsque la ville est investie ou près de l'être. Jusque là, l'autorité supérieure seule a le droit de prescrire des mesures extrêmes lorsqu'elle en sent la nécessité.

Dans les villes ouvertes et dans les communes rurales où la défense est presque impossible, les habitants devront faire le vide sur les pas de l'ennemi, c'est-à-dire faire disparaître, enfouir, cacher ou déposer dans les places fortes voisines, toutes les denrées alimentaires qui pourraient devenir la proie de l'ennemi.

Enfin, les habitants des campagnes devront être, pour ainsi dire, les sentinelles vigilantes qui préviendront de l'approche de l'ennemi; ils auront, de plus, à exercer leur surveillance sur les maraudeurs, ces ennemis d'un autre genre qui profitent des malheurs publics pour dévaster les propriétés et rançonner les habitants. Il faut leur courir dessus et les arrêter pour les faire traduire devant les conseils de guerre.

Que tous les Français unis dans l'unique but de sauver la patrie oublient leurs dissensions : il n'y a plus de partis politiques devant le danger. Qu'ils soient tous frères pour résister à l'ennemi et le chasser de notre territoire.

Lille, le 8 septembre 1870.

Le général commandant la 3ᵉ division
militaire et l'état de siége,

FRIRION.

Proclamation du 1er décembre 1870

Ainsi que nous le pressentions dès hier, l'occupation d'Amiens par l'ennemi est un fait militaire dont il faut bien se garder d'exagérer l'importance.

Le drapeau national flotte toujours sur la citadelle, non pas le drapeau de Sedan, mais bien celui de Bitche et de Phalsbourg ! Il ralliera autour de ses plis, que la victoire se lasse de déserter, nos jeunes soldats de Demuin, de Boves et de Gentelles.

Nous sommes sans nouvelles du dehors, et, cependant, que chacun de nous se recueille, et qu'il dise s'il ne sent pas passer dans l'air un souffle de délivrance.

Péronne, l'*invaincue*, qui vient aujourd'hui de subir l'affront d'une démonstration fanfaronne (1), Péronne, confiante dans ses propres forces, *se sentant d'ailleurs appuyée par les troupes qui la relient aux places voisines*, Péronne se prépare, dans le calme, à repousser, s'il vient à portée de ses canons, l'envahisseur qui voudrait infliger une souillure à son écusson.

Vive la République !

Le Sous-Préfet,

Albert BLONDIN.

Proclamation du 2 décembre 1870

PROCLAMATION DE L'ÉTAT DE SIÉGE

Habitants de Péronne,
Gardes nationaux,
Officiers, sous-officiers et soldats,

Le général commandant le 22e corps d'armée me fait connaître que la place de Péronne est en état de siége. Cette

(1) La sommation du parlementaire Karcher. (Voir au chapitre : *Les Parlementaires*).

nouvelle situation de la ville n'a rien qui doive vous alarmer. Elle résulte de la nécessité de concentrer dans les mains d'un seul les pouvoirs indispensables pour veiller au maintien du bon ordre, de la police et d'une discipline juste mais sévère.

Les autorités civiles en fonctions continueront, jusqu'à nouvel ordre, à exercer leurs pouvoirs.

Tous les délits dont je ne jugerai pas à propos de laisser la connaissance aux magistrats ordinaires, seront jugés par les tribunaux militaires.

Ma tâche est lourde. Elle me sera rendue facile par le concours patriotique de tous, concours qui m'est assuré d'avance.

J'ai confiance en vous, ayez aussi confiance en moi. Notre défense est solidement préparée et l'armée du Nord, *dont le secours ne nous fera pas défaut,* achève derrière nous sa formation.

De l'union, du courage, de la fermeté, et nous repousserons les envahisseurs s'ils venaient se heurter à nos remparts.

N'oublions pas qu'en défendant Péronne, sentinelle avancée de nos riches contrées du Nord, nous contribuons à la défense de la France.

Vive la France !
Vive la République !

Le chef de bataillon commandant la Place,

GARNIER.

Péronne, le 2 décembre 1870.

La *Gazette de Péronne* du 4 décembre, qui reproduisait cette proclamation, la faisait suivre des réflexions suivantes :

« On lira avec intérêt la proclamation de M. le Comman-

» dant de Place de Péronne. Nous y avons surtout remar-
» qué le passage suivant :

» J'ai confiance en vous, ayez aussi confiance en moi.
» Notre défense est solidement établie, et l'armée du Nord,
» dont le secours ne nous fera pas défaut, achève derrière
» nous sa formation.

» Ainsi Péronne, en cas de siége, peut compter sur l'ap-
» pui d'une armée de secours. »

Le lecteur sait comment, malgré des promesses réitérées, cette armée est venue à notre secours !

CHAPITRE VIII

Le 4 Septembre 1870

La garde nationale sédentaire de Péronne venait d'être organisée et formait un bataillon d'environ 425 hommes comprenant trois compagnies et une subdivision de sapeurs-pompiers.

L'élection de M. Gonnet, comme chef de bataillon, avait eu lieu par 20 suffrages sur 24 votants; par cette presque unanimité, les officiers et les délégués avaient voulu lui témoigner leur sympathie et lui prouver une fois encore qu'ils se souvenaient de sa conduite énergique, à Paris, lors des journées de juin 1848.

Ils se trouvaient réunis le soir dans son salon pour le féliciter lorsque, comme un coup de foudre, tombe la nouvelle de la proclamation de la République. Il était neuf heures.

Au désespoir causé par le désastre de Sedan qu'on avait appris le matin, succéda la soudaine espérance de jours meilleurs et d'une prochaine revanche. Le souvenir de nos pères et des armées glorieuses de la première République releva les courages un moment abattus; en quelques paroles chaleureuses, M. Gonnet nous dit que rien n'était perdu, qu'il y avait encore en France des cœurs et des bras, qu'il fallait oublier nos dissensions et nos haines de clocher pour nous serrer, dévoués et prêts à la lutte, autour du drapeau de la France.

Ce ne fut, à ces mots, que serrements de mains fraternelles, qu'un cri : Vive la République !

Cependant le Conseil municipal était presque en permanence et M. le Maire de la ville l'avait convoqué pour une réunion de nuit à laquelle assistaient M. le Sous-Préfet et M. le Commandant de Place.

M. le Commandant de la garde nationale y fut également invité. A son arrivée à l'Hôtel de Ville, M. le Maire lui dit : « Commandant, bien qu'il » s'agisse d'une réunion du Conseil municipal, je » vous ai fait appeler parce que, dans les circons- » tances difficiles, on a besoin de tous les hommes » de cœur. »

La séance fut triste, sombre. La grande salle, mal éclairée, avait une teinte sinistre; il y avait là bien des fronts moroses, bien des regards inquiets, bien des cœurs oppressés.....

Après quelques phrases échangées, que le lecteur trouvera plus loin dans le procès-verbal de la séance de nuit, M. le Maire proposa de descendre sur le perron de l'Hôtel de Ville pour y lire la dépêche portant proclamation de la République.

Tout le monde suivit, s'installa sur le perron, et là, entre une bougie et une lampe fumeuse tenues par deux conseillers municipaux, eut lieu la lecture de la dépêche.

Jamais cette mise en scène lugubre ne sortira de ma mémoire.

Voici, comme documents historiques, les procès-verbaux des trois séances du Conseil municipal qui eurent lieu dans cette triste journée :

PREMIÈRE SÉANCE

L'an mil huit cent soixante-dix, le dimanche quatre septembre, à six heures du matin, le Conseil municipal de la ville de Péronne s'est réuni dans la grande salle de l'Hôtel de Ville, lieu ordinaire de ses séances, sur la convocation faite par M. le Maire.

Étaient présents à la séance : MM. Villemant, Maire, Bucquoy et Fernet, Adjoints, Marchandise Charles, Cousin, Douvillé, André, Waxin, Ballue, François, Danicourt Albert, Charlard, Fournier, Larcher, Villemant Abel, Michel, Fontaine, d'Aubigny, Damay, Caraby, Desavoye, Cadot et Cordier.

Capitulation de Sedan

M. LE MAIRE. — J'ai été appelé à la Sous-Préfecture il y a une heure pour recevoir communication de la dépêche suivante :

Paris, samedi soir.

Français,

Un grand malheur frappe la patrie.

Après trois jours de luttes héroïques soutenues par l'armée du maréchal de Mac-Mahon contre 300,000 ennemis, 40,000 hommes ont été faits prisonniers.

Le général Wimpffen, qui avait pris le commandement de l'armée, en remplacement du maréchal de Mac-Mahon, grièvement blessé, a signé une capitulation.

Ce cruel revers n'ébranle pas notre courage.

Paris est aujourd'hui en état de défense.

Les forces militaires du pays s'organisent.

Avant peu de jours, une armée nouvelle sera sous les murs de Paris ; une autre armée se forme sur les rives de la Loire.

Votre patriotisme, votre union, votre énergie sauveront la France.

L'Empereur a été fait prisonnier dans la lutte.

Le gouvernement, d'accord avec les pouvoirs publics, prend toutes les mesures que comporte la gravité des événements.

Le Conseil des Ministres :

Signé : Comte DE PALIKAO, H. CHEVREAU, amiral RIGAULT DE GENOUILLY, JULES BRAME, prince DE LA TOUR D'AUVERGNE, GRANDPERRET, CLÉMENT DUVERNOIS, MAGNE, BUSSON-BILLAULT, JÉROME DAVID.

En présence des malheurs de la patrie et des conséquences qui en sont la suite, M. le Sous-Préfet et M. le Commandant de Place m'ont engagé à prendre toutes les dispositions nécessaires pour assurer les approvisionnements de la population civile de la ville, leur intervention se bornant à prévoir les approvisionnements de la garnison.

En même temps que nous devons engager nos concitoyens à s'approvisionner de toutes les denrées nécessaires à la vie, il me semble que le Conseil municipal doit acheter des farines pour les céder ensuite en détail à ceux qui n'ont pas le moyen de faire d'approvisionnements et qui serviraient en même temps, suivant les besoins, à continuer au profit de la population pauvre, les secours qui sont accordés au bureau de bienfaisance.

Je me suis informé, dans le court espace de temps qui m'a été laissé, de l'état présent des approvisionnements de la ville.

M. Damay peut nous livrer une certaine quantité de farine ; MM. André et Fernet doivent immédiatement faire entrer des troupeaux de bœufs, vaches et moutons dans la ville.

Quant à la farine qui se trouve en ce moment déposée chez les boulangers, je n'en connais pas l'importance, mais elle ne doit pas être énorme.

M. CORDIER. — On pourrait encore se procurer des fari-

nes dans les environs et avoir soin de distribuer les approvisionnements dans les divers bâtiments de la ville, au lieu
de les réunir dans un même local, pour parer aux accidents
qui peuvent se produire.

M. CADOT. — Nous pouvons nous approvisionner, mais
les pauvres, comment feront-ils, si nous ne le faisons pour
eux ? J'appuie la proposition qui vient d'être faite.

M. ANDRÉ. — Les événements vont faire entrer du
monde dans Péronne ; ne pourrait-on pas exiger que chacun
soit muni de vivres pour quelques jours ?

M. CARABY. — Je propose d'adresser une proclamation
à la population au nom de nous tous, afin de lui expliquer
la position.

M. CORDIER. — Je ne m'y oppose pas, mais je fais observer que la rédaction doit en être faite de manière à ne pas
porter le trouble et la panique dans la population ; le mieux
serait de nommer une Commission pour la préparer.

Cette proposition est acceptée.

Le Conseil nomme MM. Bucquoy, Cousin, Cordier et
Fernet pour, sous la présidence de M. le Maire, rédiger un
projet qui lui sera soumis.

La séance est suspendue et remise à huit heures et demie
pour continuer la discussion.

DEUXIÈME SÉANCE

Proclamation aux Habitants — Approvisionnement
de la Ville

A huit heures et demie, la séance est reprise.

M. le Maire donne lecture du projet de proclamation ;
il est ainsi conçu :

Le Conseil municipal aux Habitants de Péronne.

En présence des douloureuses nouvelles publiées ce

matin, le Conseil municipal tout entier s'est réuni sur-le-champ.

Le danger n'est pas immédiat, mais il importe de mettre la ville à l'abri d'un coup de main et de pouvoir repousser avec succès l'incursion de quelques coureurs ennemis, ou de quelques bandes de gens sans aveu. Dans ce but, la défense s'organise, il sera pourvu aux approvisionnements. Que chaque citoyen vienne en aide aux efforts de l'autorité en rassurant les timides et en concourant avec dévouement à l'organisation de la défense commune et au salut de tous.

ÉNERGIE ET CONFIANCE !

Signé :

Tous les membres du Conseil municipal.

Le projet est adopté à l'unanimité.

Le Conseil charge le Maire de le faire imprimer et afficher dans le plus bref délai.

M. LE MAIRE. — M. le Commandant de Place a fait un approvisionnement de 1,600 quintaux de farine; M. Damay n'en a plus que 116 quintaux en magasin; il m'a dit que 200 autres quintaux sont en gare à Chaulnes, mais il ne sait s'il sera possible de les faire revenir à Péronne. Il a envoyé à Offoy et à Ham savoir si les meuniers de ces localités pourront fournir de la farine demain ou après-demain, et en quelle quantité.

Quant aux boulangers, M. Guillon en a 10 quintaux, M. Gouverneur 40, M. Marichal 50, M. François 50, et enfin M. Millant, par suite de la cession faite au Commandant de Place, n'en a plus que 200 quintaux.

Ces quantités sont insuffisantes; il est donc urgent de faire un approvisionnement pour la ville.

Le receveur municipal a en caisse une somme d'une certaine importance. Vous pourriez m'autoriser à traiter pour 200 quintaux, qui représentent 28,000 kilog. de pain ou l'approvisionnement nécessaire à la moitié de la population pendant un mois environ; l'autre moitié se retrouvera dans l'approvisionnement que nous recommandons à nos concitoyens de faire en ce moment.

De ces 200 quintaux, moitié serait payée comptant et l'autre moitié à partir de l'expiration des délais ordinaires de paiement.

M. Damay offre la farine à 42 fr. le quintal.

M. Cadot. — La consommation doit être de 35 quintaux par jour ; mon avis est qu'on ne peut en acheter moins de 2 à 300 quintaux. En admettant les prévisions de M. le Maire, il s'agit, pour une notable portion, d'une simple avance dont partie sera remboursée par les habitants. Si la ville peut acheter plus de 200 quintaux, mon avis est de le faire : le temps presse.

M. François. — J'appuie la proposition et j'engage le Conseil à autoriser le Maire à traiter avec n'importe quel négociant pour la quantité et le prix le plus favorable à l'intérêt bien entendu de la ville. Nous acceptons la proposition sans discuter des chiffres qui peuvent varier d'un instant à l'autre.

Le Conseil,

Après en avoir délibéré,

A l'unanimité, autorise le Maire à acheter, pour le compte de la ville, au maximum trois cents quintaux de farines, aux clauses, charges et conditions qu'il avisera, dont un tiers payable comptant et le surplus à des époques qui seront ultérieurement fixées et en tenant compte de l'intérêt après l'expiration des délais du comptant, suivant les usages du commerce.

Vote en conséquence le crédit nécessaire à prendre sur les fonds disponibles de la Caisse municipale.

M. Cousin. — Les portes de la ville sont fermées à huit heures du soir, le sont-elles définitivement ?

M. le Maire. — Passé huit heures, il n'est plus possible d'entrer ou de sortir sans une autorisation du Commandant de Place.

M. Cadot. — Le Commandant de Place a-t-il indiqué 'endroit où chacun serait autorisé à déposer des bestiaux et des fourrages ?

M. le Maire. — Les fourrages et les bestiaux seront déposés dans le bastion derrière la maison de M. Vinchon, dans tous les terrains militaires à la suite vers le Château, et au-delà du Château jusqu'au moulin de M. Damay.

Les bestiaux seuls seront admis dans le bastion de la poudrière.

M. le Commandant de Place s'est réservé de fixer le nombre des bestiaux à introduire dans la Place.

La séance est levée à onze heures du matin.

TROISIÈME SÉANCE

L'an mil huit cent soixante-dix, le dimanche quatre septembre, à neuf heures et demie du soir, sur la convocation immédiate de M. le Maire, le Conseil municipal s'est réuni à l'Hôtel-de-Ville.

Étaient présents : MM. Villemant, maire ; Bucquoy et Fernet, adjoints ; Marchandise, Cousin, Douvillé, André, Waxin, Ballue, François, Danicourt Albert, Charlard, Fournier, Larcher, Villemant Abel, Fontaine, d'Aubigny, Damay, Caraby, Cordier, Cadot.

Assistaient à la séance : M. le Sous-Préfet, porteur de la dépêche dont il va être donné lecture ; M. le Commandant de Place et M. le Commandant de la Garde nationale, appelés par M. le Maire.

Proclamation de la République

M. le Maire déclare la séance ouverte et donne lecture de la dépêche suivante :

Français,

Le peuple a devancé la Chambre qui hésitait. Pour sau

ver la patrie en danger, il a demandé la République. Il a mis ses représentants, non au pouvoir, mais au péril. La République a vaincu l'invasion en 1792 ; la République est proclamée. La Révolution est faite au nom du droit, du salut public. Citoyens, veillez sur la cité qui vous est confiée ; demain vous serez dans l'armée les vengeurs de la patrie !

> Signé : EMMANUEL ARAGO, CRÉMIEUX, JULES FAVRE, JULES FERRY, GAMBETTA, GARNIER-PAGÈS, GLAIS-BIZOIN, PELLETAN, PICARD, ROCHEFORT, JULES SIMON,
> *Représentants de Paris.*

Cette lecture achevée, M. le Maire ajoute :

Aussitôt après avoir reçu communication de cette dépêche, ma première pensée a été de vous convoquer. Dans les circonstances graves où se trouve le pays, au milieu des malheurs qui nous accablent, c'est un devoir de rester unis pour la défense des intérêts qui nous sont confiés ; je compte sur votre concours qui ne m'a jamais manqué et je fais appel à vos sentiments de conciliation pour atteindre ce but.

M. le Sous-Préfet, annonçant à la fois le désastre de Sedan et les événements de Paris, profondément ému à la pensée des malheurs qui frappaient le pays, a fait appel en quelques paroles aux sentiments de conciliation de tous les membres présents et pour eux de toute la population de la cité ; les efforts de tous, dans ces circonstances, devant concourir au but unique que se propose le gouvernement : le salut du pays. Et tous, avec acclamation, protestant de leur dévouement à l'œuvre de la défense nationale, se sont levés s'écriant : Oui, nous sommes tous unis dans les sentiments qui nous sont exprimés. Vive la France !

M. CARABY. — Je suis d'autant plus heureux des dernières paroles de M. le Maire, qu'elles me donnent l'occasion de parler d'un fait dont je viens d'être le témoin.

A l'occasion de son élection au grade de Commandant de

la Garde nationale, les officiers et les délégués ont été complimenter M. Gonnet. En les remerciant, il a fait chaleureusement appel à la concorde et à la conciliation de tous. C'est pour moi un devoir de le répéter ici en présence de M. Gonnet dont les intentions ont été trop souvent l'objet d'attaques injustes.

M. LE MAIRE. — Nous sommes heureux des paroles que nous venons d'entendre. Maintenant, messieurs, j'ai promis, à ceux de nos concitoyens qui attendent en grand nombre à la porte de l'Hôtel de Ville, la communication de la dépêche que je viens de vous lire. J'ai l'honneur de proposer au Conseil municipal, pour satisfaire à leur légitime impatience, d'en donner lecture en votre présence comme une preuve de la bonne harmonie qui existe entre nous pour la défense des intérêts de la ville.

Le Conseil, à l'unanimité, adopte la proposition et la lecture a lieu sur le perron de l'Hôtel de Ville.

CHAPITRE IX

L'esprit de la population.

Péronne, je l'ai dit déjà, ne s'était pas autrement émue de cette guerre qui devait, grâce à des illusions faussement entretenues, se dérouler hors de France.

Beaucoup de ses habitants, frappés de l'impuissance des forteresses en présence du système de guerre de la Prusse, étaient opposés à la résistance. Quelques coups de canon tirés sur la ville et ses portes devaient s'ouvrir.

D'autres étaient partisans d'une défense plus complète qui, si elle ne sauvait pas la France, sauvât au moins l'honneur de la ville. Ils étaient, jusqu'au bout, disposés à essayer le possible, n'oubliant pas cependant qu'à l'impossible nul n'est tenu.

Un petit nombre enfin voulait la résistance à outrance, la défense jusqu'à la dernière pierre, dût cette défense n'avoir d'autre résultat qu'une page stérile dans l'histoire du pays.

Il en était encore — et, selon moi, ceux-là étaient les plus sages, — qui disaient à l'autorité militaire :

« Pas de demi-défense! Arrière la résistance si vous conservez dans vos murs les femmes, les enfants, les vieillards, les malades. En même temps qu'ils sont des bouches inutiles, ils constituent des *impedimenta* gênants dans un siége.

» La résistance à outrance, au contraire, si vous êtes assez prévoyante et sage pour les expulser de la ville. Il restera alors devant l'ennemi des maisons qu'il pourra brûler, des remparts qu'il sera forcé de battre en brèche; mais, derrière eux, il y aura des hommes pour les défendre ! »

Tout autre système de défense ne pouvait être qu'inutile et nuisible.

En effet, il devait avoir pour résultat de livrer à l'ennemi un matériel relativement considérable, un point d'appui stratégique et le passage de la Somme.

A travers ces courants d'idées plus ou moins belliqueuses, un certain nombre de citoyens courageux et déterminés, gardes nationaux ou volontaires, avaient organisé des reconnaissances destinées à inquiéter les ulhans qui, dès la fin de novembre 1870, promenaient aux environs de Péronne leurs manteaux noirs et leurs grandes lances.

Déjà, à la date du 18 juillet, plusieurs Péronnais avaient adressé à M. le Sous-Préfet une lettre ainsi conçue :

« Monsieur,

» La guerre avec la Prusse est une guerre essentiellement nationale, dans laquelle le pays a besoin de tous ses soldats.

» Chaque Français, dans la mesure de ses forces et de son énergie, doit donc contribuer à la soutenir.

» C'est pourquoi, M. le Sous-Préfet, nous venons nous adresser à vous pour vous demander de vouloir bien, par les moyens légaux et dans le plus bref délai, nous faire autoriser à nous organiser, à Péronne, en *corps franc*, pendant la durée de la guerre.

» Le but que nous nous proposons est :

» 1º De faire le service de la Place au cas où elle manquerait de garnison ;

» 2º D'apporter, au besoin, notre concours à la défense des remparts.

» Bien entendu, nous nous soumettrions aux lois et ordonnances militaires dans la limite de notre engagement. »

Ce corps franc n'a été *régulièrement* organisé que plus tard, quelques jours avant le siége. A l'élection, MM. Douay, Caraby et Stoll en furent nommés chefs; néanmoins, dès le mois de juillet, un grand nombre de volontaires faisaient le service du poste de la place et des poudrières, après le départ du 43me de ligne qui eut lieu le 17.

Sur ces entrefaites et à la date du vendredi 25 novembre, quelques uhlans s'étaient aventurés jusqu'aux avancées du faubourg de Paris.

Le samedi 26, un parti de vingt-cinq cavaliers ennemis caracolait insolemment devant la ville, au chemin de Barleux, vers la briqueterie Chiraux. Un coup de mitraille pouvait en faire justice; mais, grâce à la prévoyance militaire du chef de l'artillerie, s'il y avait des canons sur les remparts, il n'y avait pas alors de munitions pour les charger !

Dans le même temps, à Cappy, à Chaulnes, à Lihons, on signalait l'apparition des éclaireurs prussiens.

Parmi les faits d'armes de nos éclaireurs volontaires, il en est un surtout que je tiens à enregistrer.

C'était le 4 décembre. Pendant qu'un soi-disant parlementaire se présentait en ville, un parti considérable de ulhans se déployait en tirailleurs sur les hauteurs, vers Barleux et la Maisonnette. Deux officiers du génie et de l'artillerie, munis de leurs longues vues, relevaient les positions de la forteresse.

Cette fois encore, pas de boîtes à mitraille, ou, s'il y en avait, défense de tirer sans des ordres formels et précis !

Au bout de quelques heures, ne voyant pas revenir leur chef, retenu prisonnier à Péronne, ces cavaliers se retirent vers Éterpigny et se mettent au piquet dans une longue pièce de terre touchant au contre-fossé du canal, à l'extrémité du village, vers Pont-lès-Brie et en face d'une petite maison isolée habitée par un tailleur du nom de Delaine.

Les soldats mangeaient et buvaient, attendant toujours le *parlementaire ;* les officiers, prenant des notes, consultant des plans, se faisaient préparer, dans la maison du tailleur, une soupe à l'oignon à laquelle nos éclaireurs réservaient un assaisonnement qui n'a pas dû être de leur goût.

Ne consultant que leur courage, — ne faudrait-il pas dire leur témérité ? — et déjouant la surveillance des factionnaires, six hommes sortent de la ville, se glissent le long de la berge du canal, du côté opposé au contre-fossé, arrivent, sans être aperçus, en face des ulhans et font un feu de peloton qu'ils soutiennent pendant deux ou trois minutes. Les ulhans fuient dans toutes les directions, abandonnant chevaux, sabres, lances et jusqu'à la voiture de leur cantinier, attelée de deux chevaux.

Ils étaient 85 !

Cependant, je rencontrai quelques hommes de bonne volonté parmi lesquels MM. Lacouronne, sous-lieutenant et Gaudefroy, caporal, tous deux de ma compagnie, Hochard et Fontaine, de la 1re, et, marchant avec nos braves marins, nous achevâmes la déroute de l'ennemi. Il était temps, car s'étant aperçu du petit nombre des assaillants, il revenait à la charge et aurait pu leur faire un mauvais parti. Une voiture attelée, seize chevaux, trente-sept lances, trois sabres, sept pistolets furent le trophée de cette journée. La rentrée en ville, vers 7 heures du soir, fut triomphale. La population qui, de loin, avait entendu la fusillade et ignorait encore le résultat de la lutte, se pressait aux portes, escortait le détachement victorieux, criant : Vivent les marins ! vive la garde nationale !

A l'occasion de ce fait d'armes parut l'ordre du jour suivant :

Le commandant de la garde nationale sédentaire porte à la connaissance du bataillon de Péronne la belle conduite d'un de ses détachements dans l'escarmouche du dimanche 4 décembre au village d'Éterpigny.

Ce détachement composé de six hommes

MM. Legrand, caporal à la 2me,
    Gérold, fusilier à la 2me,
    Vignier-Compère, sapeur-pompier,
    Durieux, Pierre, ex-sapeur-pompier,
    Mauroy, clerc d'avoué, volontaire,
    Fournier, Isidore, mobile,

a surpris un poste nombreux de cavaliers ennemis qu'il a mis en fuite. — Ces derniers ont enlevé leurs blessés et laissé sur le terrain des armes, des chevaux et une voiture de cantine.

D'autres gardes nationaux, -

MM. Caraby, lieutenant à la 2me,

Lacouronne, sous-lieutenant à la 2me,

Gaudefroy, caporal à la 2me,

Hochard-Frison, fusilier à la 1re,

accompagnant un détachement de marins, au pas de course, ont contribué à la déroute et poursuivi l'ennemi.

Ce premier succès est d'un heureux augure pour la défense de la ville.

Honneur aux gardes nationaux qui ont donné le bon exemple !

Péronne, le 11 décembre 1870.

Le Commandant,

GONNET.

Cet ordre du jour fut affiché dans tous les postes et, chose singulière, l'une des affiches se voyait encore à la guérite de la porte Saint-Nicolas le jour où les Prussiens entrèrent dans Péronne. La lecture de ce document ne dut leur causer qu'un médiocre plaisir ; aussi, quelques heures après, était-il lacéré. Être Prussien et constater que 85 ulhans ont fui devant 6 gardes nationaux, cela n'avait, en effet, rien de flatteur pour la vantardise germanique.

De leur côté, les mobiles postés aux environs de la ville traquaient les ulhans auxquels ils faisaient peu de mal, beaucoup d'entr'eux n'ayant jamais tiré un coup de fusil. Aussi arrivait-il souvent que, par ignorance, ils tiraient à mille mètres avec des armes dont la portée n'était que de six cents mètres.

Je passe diverses autres reconnaissances de nos gardes nationaux à Saint-Christ, Villers, Berny, Estrées, Soyécourt pour arriver à la dernière, qui fut comme le prélude du siége.

Douze éclaireurs volontaires, prévenus de la présence de cavaliers ennemis vers Doingt, vont s'embusquer à Bruntel, dans les bois de M. Mareschal, non loin du pont dit du Mesnil. Quelques-uns, en faisant une reconnaissance dans le village, voient arriver des uhlans, s'embusquent sous la grande porte d'un cabaretier et font feu. Plusieurs cavaliers sont blessés et l'un d'eux est mortellement frappé par la balle de M. Fournier, du Mesnil, qui s'était joint bravement à nos concitoyens. Ce fait est d'autant moins discutable, qu'en rendant le dernier soupir à l'ambulance d'Athies, le Prussien déclarait que « celui qui lui avait envoyé la balle était vêtu d'une blouse. » *(Textuel)*. Cet acte de courage valut à M. Fournier mille tribulations. Sa maison fut pillée, son existence menacée et il ne dut son salut qu'à la fuite et à l'hospitalité que lui donnèrent généreusement des amis d'Amiens.

Sur ces entrefaites, des masses profondes d'infanterie, avec de l'artillerie, apparaissent sur les hauteurs vers Athies. C'est tout un corps d'armée de 5 à 6,000 hommes qui vient investir la ville de ce côté.

Les canons prussiens lancent des obus sur les bois de Bruntel qui bientôt sont cernés. Nos volontaires, presque surpris, battent en retraite sans éprouver de pertes; car, pendant que l'artillerie balaie les taillis, ils traversent, non sans danger, la Somme alors gelée et rentrent dans Péronne par la digue du canal. Ils sont sauvés !

En même temps, du côté de Doingt, des éclaireurs prussiens s'avancent, soutenus par une batterie placée près de Cartigny et dont le feu est dirigé sur le village de Doingt.

Une compagnie de mobiles en désordre revient au pas de course. Mais un détachement du 43ᵉ, conduit par le sous-lieutenant Rouillier et M. le garde du génie Colard, tient tête aux tirailleurs ennemis et engage avec eux une vive fusillade qui les empêche d'avancer un instant. En face du nombre, il faut céder et, tout en se retirant vers les aulnois de Flamicourt, les hommes du 43ᵉ, dont quelques-uns sont blessés, continuent la mousqueterie et rentrent en ville sous la protection du canon de la place qui lance quelques obus [1].

On m'a affirmé que, lors de cette escarmouche, le volontaire Mauroy, que nous avons déjà vu à Éterpigny, abattit un uhlan qu'il précipita et noya dans la rivière de Cologne. Ce uhlan était armé d'un sabre de cavalerie française.

De son côté, un soldat du 43ᵐᵉ, posté dans un pigeonnier, en tuait un autre pendant que deux mobiles du Pas-de-Calais étaient faits prisonniers.

Le soir même, 27 décembre 1870, Péronne était investie et, du haut de la tour Saint-Jean, on pouvait voir les batteries ennemies qui se disposaient en vue du bombardement.

Pour rendre hommage à qui de droit, je dois citer les noms des gardes nationaux volontaires que j'ai

[1] Le fait suivant dénote le vice d'organisation de la Place : Au moment où, venant du Mesnil-Bruntel, les Prussiens s'avançaient à l'abri de Flamicourt pour couper la retraite du 43ᵉ engagé à Doingt, on ne trouvait pas à qui s'adresser pour leur envoyer un coup de canon. Les maréchaux-des-logis d'artillerie Cotté et Caron, n'écoutant que leur initiative, enfoncent la porte d'un magasin à poudre en face de la caserne, chargent un obusier de 16 et tirent. Ils arrêtent ainsi le mouvement ennemi.

Les Prussiens, postés derrière Flamicourt, tiraient à balles sur la ville et l'une d'elles alla frapper la domestique de M. Douchet, sur la place, à l'une des fenêtres du troisième étage.

vus courageusement prendre part aux reconnaissances et aux sorties. C'étaient Messieurs :

BOUCLY, sergent ; ROGUET, caporal ; VIGNIER et
DURIEUX, de la compagnie des sapeurs-pompiers ;

DOUAY, capitaine ; GRANGER, fourrier ; A. GONNET,
HOCHARD, FONTAINE, LEDOUX, HERBAUX, de la
1re compagnie ;

LACOURONNE, sous-lieutenant ; STOLL, sergent ;
HOUDON, id.; GAUDEFROY, caporal ; LEGRAND, id.;
GAUDEFROY Émile, GÉROLD, ROUILLARD, MICHEL Al-
fred, CAPET, DE CLAYBROOKE, J. LEFEBVRE, TANNEUR,
HERBILLON père, ANCELIN, AUGUET, MAHON, de la
2me compagnie;

FRINDEL, WIMILLE, de la 3me compagnie ;

LAMARRE et HERBILLON fils, clairons volontaires.

CHAPITRE X

Les Parlementaires

Pour les Prussiens, prendre Péronne n'était qu'un jeu. Il suffisait, pour cela, de quelques heures, le temps qui s'écoule entre le déjeuner et le dîner. Les officiers le pensaient ainsi; ils l'ont déclaré depuis. L'un d'eux, faisant partie de l'état-major de Von Gœben, aurait même tenu ce propos : Nous allons *cueillir* Péronne.

« Péronne ne veut pas se défendre, au premier coup de canon, à la première menace, la reddition est certaine. » — Tels étaient les bruits qui circulaient depuis longtemps déjà et qui inspirèrent, sans doute, à quelques bravaches d'Outre-Rhin l'idée, assez audacieuse du reste, de se présenter en parlementaires et de sommer la place de se rendre.

C'est ce que fit, le 30 novembre 1870, un jeune officier de cavalerie, du nom de Karcher, après un copieux déjeuner fait à Doingt, chez Madame veuve Bertincourt. La serviette de table fut transformée en drapeau parlementaire et, lui moitié fou, son trompette moitié soûl, il se présenta aux avancées du faubourg de Bretagne.

On leur banda les yeux et ils durent traverser le

faubourg et la ville sur une étendue de près de deux
kilomètres. Dans une ville fortifiée, un parlementaire est toujours chose grave et sérieuse ; aussi
l'émoi fut-il grand dans Péronne. Je commandais,
ce jour-là, le poste de la porte Saint-Nicolas et je
vois encore aujourd'hui, comme alors, la foule nombreuse et frémissante qui lui faisait escorte à travers
la rue Saint-Fursy.

Le soir et le lendemain, chaque garde national
reçut trente cartouches. En présence du comité de
défense convoqué à cet effet, le parlementaire fut
entendu, interrogé et, bien qu'il fût sans mandat, on
lui donna la clef des champs et on le reconduisit
avec tout le cérémonial usité, au lieu de le retenir
bel et bien prisonnier.

Ce fut une faute. La population murmura et
M. Karcher, une fois sorti de l'enceinte fortifiée,
dut se sentir fort à son aise.

A ce propos, les journaux de Péronne ont publié
l'article suivant qui leur avait été *communiqué :*

Un épisode de la journée du 30 novembre

« Un épisode assez piquant de la visite que Péronne a
« reçue aujourd'hui :

« Un jeune officier de cavalerie prussienne, accompagné
« d'un sous-officier et d'un trompette, qui s'étaient présentés
« en parlementaires à la porte de Bretagne, ont été conduits,
« les yeux bandés, chez le Commandant de la Place ; ils ont
« reçu de la bouche de ce brave officier la réponse que
« comportait leur démarche.

« L'entretien avait pris fin assez rapidement, et les
« visiteurs allaient être reconduits avec le même cérémo-

« nial, quand le Sous-Préfet, présent à l'entrevue, s'adres-
« sant à l'officier :

« — Vous êtes des Rhénans, n'est-il pas vrai ?

« — Oui, monsieur, de Saarbrück.

« — Eh bien ! je connais là-bas, à Saarbrück même, un
« fort galant homme que j'aime et que j'estime beaucoup,
« sur qui cette guerre doit peser bien lourdement, car il a
« de gros intérêts industriels en France, à Ars-sur-Moselle,
« à Grofsbludersdorf, près Sarraguemines, et à Comines,
« dans le Nord, notamment.

« — Vous voulez parler de M. Edouard Karcher ; je suis
« son parent, et je porte le même nom.

« — C'est bien lui, et son fils Georges ?

« — Ce n'est pas Georges, c'est Paul qu'il se nomme ; il
« ne fait pas partie du même corps que moi ; il n'est pas de
« ce côté.

— « J'ai gardé un très bon souvenir d'une soirée passée
« il y a dix-huit mois chez M. Karcher, à Saarbrück ; nous
« étions bons amis alors ; nous buvions ensemble « à la
« France et à l'Allemagne » les vins parfumés du Rhin et
« de la Moselle.

« — Eh bien, monsieur, si vous le permettez, je rapporterai
« à mon compatriote, à supposer que je le revoie un jour,
« les choses aimables que vous me dites de lui.

« — Faites, j'en serai charmé ; plus charmé encore quand
« je pourrai échanger de nouveau une cordiale poignée de
« main avec ces braves gens que la guerre désole encore
« plus que nous, puisqu'ils sont Prussiens de fait, et, en
« même temps, par l'éducation et la naissance, plus qu'à
« moitié Français. »

Ces conversations presque amicales du premier
magistrat de la ville avec un jeune fanfaron prussien
ne manquaient peut-être pas d'un certain charme ;
— une bonne arrestation eût mieux fait notre
affaire.

M. Karcher, simple lieutenant de cavalerie, s'était donné la distraction et le malin plaisir de nous mystifier; un chef d'escadron de la même arme pouvait bien essayer à son tour. Son âge, son aplomb, son grade, lui faisaient espérer plus de succès. L'entreprise fut tentée le dimanche 4 décembre 1870. Cette fois, le prétendu parlementaire arriva par la porte de Paris. Il était environ onze heures et demie de la matinée. Pendant qu'avec intention il discourait longuement chez M. le commandant de place, sa nombreuse escorte prenait position sur les hauteurs de la Maisonnette, et un officier du génie, avec une longue vue, relevait la situation de la forteresse. Cette façon d'agir est contraire aux lois de la guerre et indique suffisamment le but de la démonstration.

La naïveté du 30 novembre ne se renouvela pas et M. le capitaine-commandant Johanne, l'enseigne et le trompette Zimmermann furent, après bien des heures d'hésitation, retenus prisonniers. Ils faisaient partie tous trois du corps de uhlans dont j'ai parlé plus haut et qui, au nombre de quatre-vingt-cinq, fut si bien taillé en pièces, à Eterpigny, par cinq de nos volontaires.

Je me rappelle, à ce sujet, la figure joufflue et réjouie du trompette quand on vint lui annoncer, à la Chapelette où on le gardait à vue, qu'il était fait prisonnier.

— Moi, prisonnier, bien content! »

Et il ajoutait avec un air de visible inquiétude : « Mais moi, pas capout! »

Il avait bien raison d'être satisfait, car, pendant plus de quinze jours, ses maîtres et lui occupèrent,

au second étage de la Sous-Préfecture, un appartement confortable ayant vue sur la Grande-Place d'où
ils pouvaient, *gratis*, jouir du spectacle de nos Mobiles mal vêtus, mal chaussés, mal armés, mal ins-
truits. Et cela devait leur donner une haute idée de
l'armée à qui incombaient l'honneur et le soin de
sauver la France.

La grande partie des Péronnais vit de mauvais œil
les égards prodigués à des ennemis qui n'avaient
pas été faits prisonniers sur le champ de bataille et
qui n'étaient, après tout, que des soldats fanfarons
ayant voulu se jouer de la ville et de ses défenseurs.

Quelques jours après, un troisième parlementaire,
muni, cette fois, d'un pli du général prussien commandant Amiens, se présenta pour réclamer les
prisonniers. Plus prudent que ceux qui l'avaient
précédé, il n'entra pas en ville et attendit, à la Chapelette, la réponse du Commandant de place. Elle
lui fut portée par M. le Sous-Préfet. Cette réponse
contenait que la reddition des prisonniers était impossible parce qu'ils avaient abusé de la qualité de
parlementaires qui ne leur appartenait pas pour
faire explorer par leur escorte les abords de la
place.

Le général prussien comprit sans doute, car il
n'insista pas davantage et se contenta d'envoyer
aux prisonniers quelqu'argent dont ils pourraient
avoir besoin.

Le 22 décembre, ils partaient pour Lille, sous la
conduite de M. L. Lefevere, capitaine de place volontaire, sous les ordres de M. le Commandant Garnier.

CHAPITRE XI

L'Armée du Nord à Péronne — La Division Paulze d'Ivoy — Le Général Faidherbe

Quelque temps avant le bombardement, le samedi 10 décembre, la 2me division du 22me corps de l'Armée du Nord séjourna à Péronne et dans les environs. Elle était commandée par le général Paulze d'Yvoy.

Cette division, suivant le plan du général Faidherbe, s'avançait sur Amiens par Péronne et Chaulnes, tandis que la 1re (général Lecointe) et la 3me (contre-amiral Moulac) marchaient par Saint-Quentin et Ham vers la même destination.

Pauvre armée ! Elle faisait pitié à voir et cependant que de pertes n'infligea-t-elle pas aux Prussiens dans les combats sous Amiens, Bapaume et Saint-Quentin. Trop faible pour poursuivre les victoires ébauchées par elle, ses coups n'en étaient pas moins terribles.

Je me rappelle encore les pauvres chevaux, maigres, étiques, qui traînaient péniblement les pièces de 12 de l'artillerie. L'œil atone, la crinière éclaircie, le flanc creux, ils n'étaient que l'image effacée de leur vigueur d'autrefois.

Et les soldats ? Je ne parle que de ceux de l'armée régulière. Toujours braves, dévoués, ils ne demandaient qu'à se battre et à mourir étouffés sous des monceaux de cadavres ennemis.

Quant aux chefs, ils semblaient marcher découragés, sans confiance, les mains tendues vers la victoire qui fuyait toujours devant eux.

Peu nombreux, mal équipés, mal nourris, les bataillons de l'Armée du Nord se couvraient de gloire, mais ne pouvaient jamais remporter de victoire décisive. Les masses ennemies, qu'ils trouvaient à chaque pas devant eux, leur commandaient une tactique sage et prudente.

Tel, en champ clos, le tireur habile, ayant devant lui un adversaire redoutable, porte un coup terrible et rompt, rompt encore, rompt toujours jusqu'à ce qu'une occasion nouvelle lui soit donnée de frapper son ennemi.

Ainsi marchait Faidherbe.

C'est avec cette manœuvre, qui déroutait la tactique prussienne froide et raisonnée, qu'il fut vainqueur à Bapaume et tua à l'ennemi un nombre considérable d'hommes à la bataille de St-Quentin.

Un reproche a été adressé à Faidherbe: Après Bapaume, il pouvait, il devait venir jusque sous Péronne qu'il aurait débloquée.

Selon moi, le reproche est mérité. Après Bapaume, rien ne s'opposait à la marche en avant du général Faidherbe. Son nom inspirait aux Prussiens une terreur incroyable et il n'est pas douteux qu'au premier bruit de ses clairons l'armée d'investissement eût abandonné la rive droite de la Somme, du côté nord de la ville. J'ajoute même que le siége eût

été complétement levé et mon assurance résulte
des affirmations réitérées que m'ont faites à ce sujet
des officiers prussiens. Mais, en supposant même
que la première partie de ce programme eût été
seule accomplie, ce résultat était considérable puisqu'il permettait de faire sortir les femmes, les enfants, les vieillards, les malades et tous ceux qui,
par peur ou par tempérament, ne se sentaient pas
capables d'affronter plus longtemps les horreurs du
bombardement. Restaient alors les valides, les courageux et, l'Armée du Nord aidant, il était facile
d'arriver à l'armistice conclu le 28 janvier. Dans ces
conditions, Péronne se taillait dans l'histoire un rôle
à la hauteur de celui de 1536!

Pourquoi Faidherbe ne vint-il pas à notre secours,
lui que nous espérions, lui que nous attendions,
souffrant, dans cet espoir et dans cette attente, les
maladies et la mort ?

Il le dit dans sa *Campagne de l'Armée du Nord :*

« Alors, prenant en considération la fatigue des troupes
« et le froid extrêmement rigoureux qu'elles avaient à
« supporter, le général en chef résolut de prendre ses
« cantonnements en arrière, en remettant à quelques jours
« la marche sur Péronne, si elle redevenait nécessaire. »

Péronne est à 5 lieues de Bapaume. N'eût-il pas
mieux valu faire un effort de plus et venir sous nos
murs fortifier, ranimer le courage des malheureux
déjà éprouvés par sept jours de bombardement ? Les
chemins étaient libres ; l'armée prussienne était en
une telle déroute que le 5 janvier, c'est-à-dire deux
jours après la bataille de Bapaume, un bataillon
égaré du 69e de ligne prussien venait se faire canarder

si près de nos remparts que les assiégés avaient, un instant, cru à l'arrivée de l'avant-garde de l'Armée du Nord. Je vois encore le commandant Garnier, que j'avais été prévenir de l'incident, regarder joyeux, ému, cette colonne qui s'avançait en bon ordre, tout prêt à crier avec nous : C'est Faidherbe !

Je sais bien que le général prétend qu'à la suite de la bataille de Bapaume il croyait le siége de Péronne levé. Ce qui est vrai, c'est que le 1er janvier l'artillerie prussienne, qui se dirigeait vers Bapaume, avait cessé son feu ; mais, ce qui est encore vrai, c'est que le 2 janvier, à 8 heures trois quarts du matin, le bombardement recommençait moins intense que les premiers jours, mais avec des engins plus terribles, et il n'y avait pas moins que 22 obusiers et mortiers en batterie. Le 3 janvier et jours suivants, cette artillerie et celle de la place ne cessèrent de tonner. On les entendait jusqu'à huit lieues de distance et l'on ne peut comprendre comment, aux environs de Bapaume, on ne les entendait pas !

On ne peut comprendre davantage les deux dépêches suivantes du général Faidherbe dans lesquelles je souligne certaines expressions que je laisse à l'appréciation du lecteur :

Arras, 12 janvier.

Général Faidherbe à Commission de la Défense et à Major adjoint.

« A mon arrivée à Bapaume, j'apprends *avec stupéfaction* que Péronne est entre les mains des Prussiens ; cependant j'avais été informé *de la manière la plus certaine* que le 3 janvier, par suite de la bataille de Bapaume, le siége avait été levé, et l'artillerie asssiégeante retirée de devant la place. Depuis, j'avais manœuvré en présence de l'armée prussienne *sur la foi de renseignements journaliers qui m'annonçaient que le bombardement n'avait pas recommencé.* Que s'est-il donc passé ? Si vous l'apprenez, faites-le moi savoir. Il est certain que, pendant le bombardement, l'artillerie de Péronne avait abîmé l'artillerie assiégeante, et que les défenses de cette place étaient restées intactes.

» Signé : Faidherbe. »

Arras, 13 janvier.

Général Faidherbe à Commission de la Défense, à Major adjoint et à Ministre de la Guerre.

« J'ai décidé que le Commandant de Place de Péronne serait traduit devant un conseil de guerre pour rendre compte de la reddition de cette place lorsque ses défenses étaient restées intactes et qu'une armée de secours était à 5 ou 6 lieues manœuvrant pour la dégager.

« Signé : Faidherbe. »

De deux choses l'une :

Ou Faidherbe, n'ignorant pas que Péronne était toujours bombardée, l'a laissée abandonnée comme une position sans importance.

Ou Faidherbe a été trompé par des rapports faux, mensongers au premier chef.

L'honorabilité du général repousse la première hypothèse. Cependant un article froid, sérieux, publié le 11 Janvier par l'*Ordre* d'Arras, semble admettre que l'abandon de Péronne était chose résolue par lui.

Reste donc la seconde hypothèse. En l'acceptant

comme sincère et vraie, on comprend que, sur la première heure, le général ait pu se laisser aller au vif mécontentement que traduisent ses deux dépêches. Mais son erreur n'a pu être de longue durée; il ne lui a pas fallu longtemps pour être convaincu que les informations qui lui avaient été données *de la manière la plus certaine* n'étaient que des mensonges; il ne lui a pas fallu longtemps pour s'assurer que, le 2 janvier et jours suivants, le bombardement avait recommencé. Les journaux belges avaient publié ses deux dépêches accusatrices; les journaux belges auraient dû publier une rectification. C'était pour lui un devoir étroit de justice et de conscience.

Depuis, Faidherbe a publié sa *Campagne de l'Armée du Nord* et, bien que la conduite courageuse de Péronne soit aujourd'hui établie de la façon la plus péremptoire, il laisse toujours à notre charge une reddition qui, dès longtemps, était devenue fatale, indispensable.

Péronne, il faut que l'histoire le dise, a fait au-delà du possible. Mézières, Soissons, Laon, La Fère et autres villes ont tenu quelques heures ou à peine deux ou trois jours; pendant 13 jours, Péronne a été dévastée, brûlée, abîmée... attendant toujours Faidherbe. Et, comme récompense de cette attitude résignée et courageuse, Péronne est accusée par lui avec une légèreté inouïe chez un homme de son importance; ce lui sera toujours un reproche mérité jusqu'au jour où il aura la franchise de publier une rétractation aussi haut qu'il a publié une accusation qui, heureusement, n'a pas eu d'écho.

Pendant le séjour à Péronne de la brigade Paulze d'Ivoy, un événement tragique se passait à Foucaucourt:

Le 13 décembre, la compagnie de francs-tireurs du marquis de Lameth se trouvait dans ce village, revenant d'une expédition de nuit à la ferme du Sars, sur la route d'Amiens.

Une partie des hommes se reposaient et préparaient leur repas chez M. de Beauvais, alors maire de Foucaucourt.

La veille, deux compagnies d'infanterie prussienne, un demi-escadron de ulhans et une demi-batterie d'artillerie, en tout sept à huit cents hommes, avaient occupé Marcelcave et Lamotte-en-Santerre. Les issues de ces deux villages étaient tellement bien gardées par l'ennemi, qu'il fut impossible de faire savoir à Foucaucourt que ces forces lui étaient destinées.

A onze heures du matin, les ulhans sont signalés. Les hommes du marquis de Lameth, presque surpris, s'embusquent derrière les haies, entretiennent avec leurs armes de précision un feu nourri et meurtrier qui tue et blesse soixante-deux Allemands. De leur côté, les habitants des villages voisins harcelaient l'ennemi dans des embuscades et sous la direction énergique de M. Dautrevaux de Fay.

Cédant au nombre, les volontaires de Lameth se replient et se jettent dans les bois avoisinants. Mais les Prussiens, furieux, exaspérés par les pertes sanglantes qu'ils viennent de faire, pénètrent dans le village, y sèment l'incendie et la mort. Tous les hommes valides sont arrêtés et, pendant une heure de pillage, vingt-deux maisons et granges sont brûlées et cinq personnes lâchement assassinées !

Le 4ᵉ de ligne prussien et une batterie du 8ᵉ d'artillerie du Rhin ont accompli cette glorieuse action.

Ce sont les mêmes qui, d'après *Vindex*, se sont illustrés à Cléry par leur odieuse complicité dans le meurtre de M. Legrand.

Le maire et M. Bourdon furent saisis et emmenés comme otages à Amiens, où ils firent cinq jours de citadelle.

Pendant ce temps, M. Dautrevaux accourt à Péronne de toute la vitesse de son meilleur cheval; je le rencontre sur la place se plaignant de M. le Commandant de Place qui l'aurait mal reçu et cherchant, de tous côtés, M. le général Paulze d'Ivoy.

A deux heures de l'après-midi, le bataillon des Mobiles du Pas-de-Calais, avec deux pièces de 12, sous le commandement du chef de bataillon Cavelier, se met en route pour Foucaucourt. Il est rejoint par 150 hommes de *bonne volonté* des Mobilisés de Montdidier, sous la direction du capitaine Boutiot, ayant sous ses ordres le capitaine Lambert.

La colonne était éclairée par *quatre* dragons du Nord.

Avant l'arrivée de ces troupes, les Prussiens avaient disparu et le secours qu'elles apportaient à ce malheureux village furent complétement inutiles. En effet, parvenues à Estrées, elles rebroussèrent chemin et rentrèrent en ville.

C'est ici l'occasion de dire, de la petite troupe du marquis de Lameth, tout le bien qu'elle mérite à raison du sang-froid, de l'énergie et de la bonne tenue qu'elle a toujours montrés dans ses diverses rencontres avec les éclaireurs ennemis, à qui elle a fait subir des pertes sensibles. Tels chefs, tels soldats.

CHAPITRE XII

Soirée du Mardi 27 — Matinée du Mercredi 28

J'ai dit plus haut que le mardi 27 décembre, vers le soir, des batteries prussiennes s'établissaient autour de la ville.

La 2me compagnie de la garde nationale, qu'en l'absence du capitaine je commandais avec mes deux sous-lieutenants Lacouronne et Vermond, était de garde au poste de la place.

A sept heures du soir, 400 hommes des Mobilisés avaient reçu l'ordre de briser la glace aux environs des portes de la ville. Besogne rude pour les hommes, déraisonnable de la part du chef du génie qui l'avait commandée. En effet, les soldats qui en étaient chargés connaissaient peu les lieux; ils devaient exécuter un travail de nuit au milieu de mille difficultés. M. Lemaire, fils, dont le concours a été très-utile pendant les préparatifs de défense, était à leur tête.

Mais la position n'était pas tenable.

Les hommes se heurtaient à toutes sortes d'obstacles, glissaient sur les glaçons découpés et tombaient à l'eau par un froid de quinze degrés.

A huit heures, les Mobilisés rentraient; leurs postes étaient doublés et la 3me compagnie occupait, sous les ordres du lieutenant Édouard, le moulin de Belzaise, dans lequel elle engagea, une partie de la nuit, une fusillade vive et nourrie contre les Prussiens qui, sortis des fonds de Doingt sur la glace, venaient reconnaître les ouvrages de la place.

Malgré quelques coups de feu tirés par les sentinelles avancées sur les éclaireurs prussiens, la nuit fut relativement calme. Cependant, il y avait dans l'air ce je ne sais quoi qui présage les grands événements; on était inquiet.

A deux heures de la nuit, je fis une ronde. Les Mobilisés, de garde sur les remparts, étaient à leur poste, le fusil chargé, et veillaient. Aux abords de la ville, quelques feux mal dissimulés indiquaient que l'ennemi veillait également.

Le mercredi matin vers dix heures, nouvelle ronde à l'intérieur des remparts, avec vingt hommes de ma compagnie. Il y avait un pied de neige.

Au faîte des bâtiments de l'hospice flottaient déjà trois drapeaux blancs avec la croix rouge de la Convention de Genève. Du côté de Flamicourt, on remarquait quelques travaux; vers Doingt, se faisait un mouvement de troupes. La pièce de marine placée au bastion Saint-Sauveur et que les marins avaient baptisée du nom de *Joséphine*, la pièce de 12 au bastion Royal tirèrent quelques obus et j'engageai, avec cinq ou six de mes hommes qui, comme moi, avaient des armes de précision, une fusillade vers les fonds de Doingt-Flamicourt.

A midi quinze minutes, un parlementaire se présentait à l'avancée de Bretagne, porteur d'une sommation de se rendre faite à la ville par le général

6

prussien baron de Senden. Elle était conçue en ces termes :

Tincourt, 28 décembre 1870.

Monsieur le Commandant,

L'armée française s'est retirée à Arras; Péronne est cernée de nos troupes.

Je vous somme de rendre la forteresse.

En cas de refus, j'ai les moyens de vous forcer et vous seriez responsable, quant aux conséquences, pour les habitants de Péronne.

J'ai l'honneur de vous saluer.

Signé : Baron de Senden,

Général de division, commandant les troupes devant Péronne.

Pour ne pas intimider la population, le parlementaire fut conduit, les yeux bandés, chez M. le Commandant de place, par les remparts, la rue Saint-Jean et la rue Saint-Fursy.

C'était un grand et solide gaillard de près de six pieds, aux larges épaules, au cou de taureau; on eût dit qu'on l'avait choisi tout exprès pour faire impression sur les habitants de la ville. Pendant plus d'une heure que dura la délibération du conseil de défense, il se tint debout, dans l'attitude militaire, roide, empesé, les deux talons sur la même ligne, ne répondant aux questions qui lui étaient faites que par un salut à la prussienne ou par un signe de tête.

A une heure trente minutes, le brave capitaine Morris des Mobiles du Pas-de-Calais, se dirigeait vers Doingt porteur de la réponse suivante qui y était attendue par l'état-major prussien installé dans la maison de M. Forget :

Péronne, 28 décembre 1870.

A Monsieur le général baron de Senden, commandant les troupes ennemies devant Péronne.

Général,

Je n'ai qu'une réponse à faire à votre sommation. Le gouvernement de mon pays m'a confié la Place de Péronne, je la défendrai jusqu'à la dernière extrémité, et je fais retomber sur vous la responsabilité de tous les maux qui, de votre fait et contrairement aux usages de la guerre entre nations civilisées, atteindraient une population inoffensive.

Veuillez agréer, etc.

Le Commandant de la Place,

GARNIER.

Le capitaine Morris, de retour de sa mission, n'était pas encore rentré en ville, que déjà le bombardement commençait; il n'était pas deux heures.

Cette fois le parlementaire était sérieux et l'on doit regretter que le temps ait manqué aux autorités militaires pour prévenir les habitants de l'éventualité imminente du drame dont notre malheureuse ville allait être le témoin. Quoiqu'on en ait pu dire, les véritables coupables sont les chefs prussiens qui refusèrent aux citoyens incapables de porter les armes le temps moral pour mettre en lieu sûr leurs personnes et leurs biens.

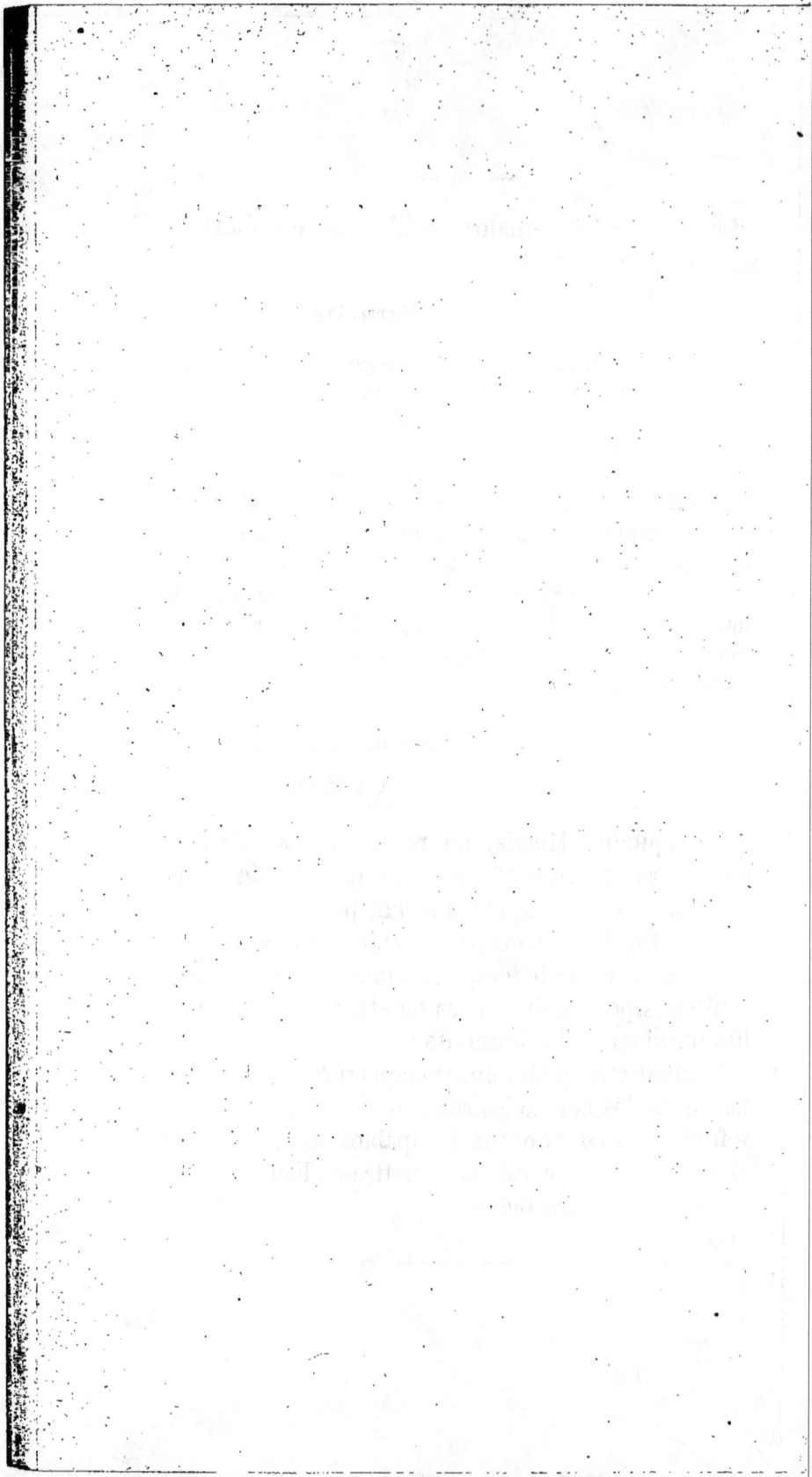

Les faits qui précèdent, bien que ne se rattachant que d'une façon indirecte au bombardement
de Péronne, devaient, à cause de leur intérêt
même, être connus du lecteur. Nous allons maintenant entrer dans la période active, saisissante
du drame.

Le bombardement de Péronne peut se diviser
en deux parties distinctes :

Le premier bombardement commence le mercredi 28 décembre 1870, vers deux heures de
l'après-midi, pour finir le 31.

Le second commence le 2 janvier 1871, à neuf
heures trois quarts du matin, et finit le lundi
9 janvier à la même heure.

———

PREMIER

BOMBARDEMENT

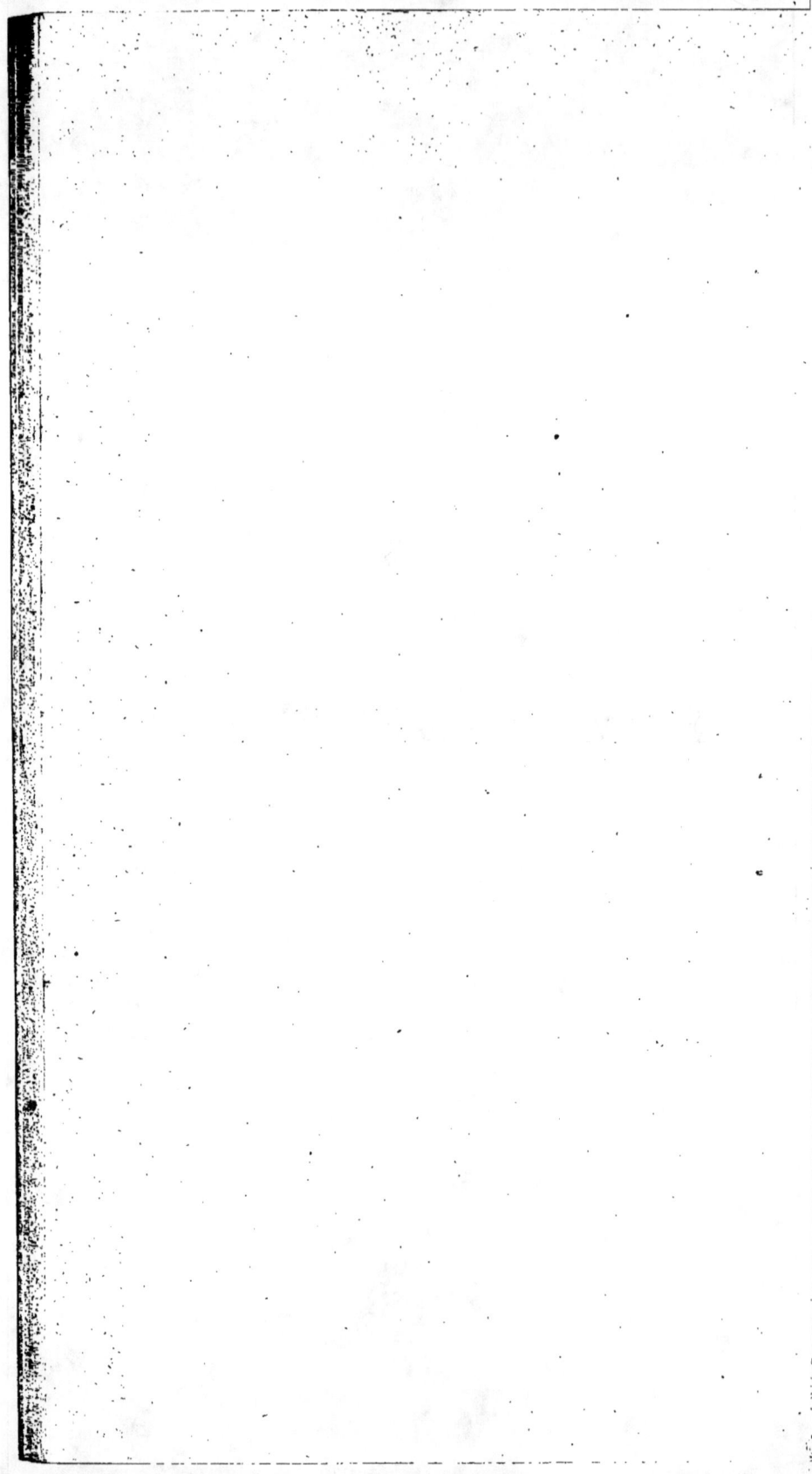

CHAPITRE XIII

Positions et cantonnements de l'Armée allemande,

sous Péronne, pendant le premier bombardement

Certaines personnes, dans un but qu'il est inutile
de discuter ici, ont prétendu que l'armée d'investissement autour de Péronne était insignifiante.

Pour détruire cette erreur, il est bon de relever
les forces de cette armée dans un rayon de quelques
lieues autour de la ville. Ce sera le meilleur moyen
de démontrer que nous étions sérieusement tenus
en échec par une ceinture de fer qu'il n'eût pas été
possible de briser avec les éléments militaires enfermés dans la Place.

Les troupes destinées au bombardement de Péronne sont arrivées par cinq points différents : les
routes de Saint-Quentin, de Ham, de Nesle, d'Albert par Bray et d'Albert par Maricourt.

Par date et par village, nous allons énumérer
leurs forces et leurs positions :

HERBÉCOURT

27 Décembre. — Six mille Prussiens, venant de
Bray où ils étaient arrivés le 26 décembre, campent
dans cette commune le 27 au matin.

Vers trois heures du soir, elle est envahie par le 4ᵐᵉ de ligne et le 5ᵐᵉ escadron du 18ᵐᵉ lanciers saxons.

28. — Le 4ᵐᵉ de ligne part aux avant-postes sous Péronne.

28, 29 et 30. — Pendant toute la journée et toute la nuit, ce ne sont que patrouilles incessantes de lanciers vers Biaches, Feuillères et Cléry. — Le 30, les lanciers quittent Herbécourt et, pendant toute cette journée, on assiste au passage continuel de troupes traversant la Somme à Feuillères et se dirigeant vers Bapaume.

Un détachement de pionniers bivaque au chemin de Feuillères, derrière les haies d'Herbécourt. Le 5ᵐᵉ escadron du 1ᵉʳ dragons, capitaine Von Stegen, arrive dans ce village.

31. — Les dragons arrivés la veille font séjour. Deux colonnes du 1ᵉʳ régiment d'artillerie, lieutenant Dichman, et du 29ᵐᵉ de ligne, lieutenant Crotz, prennent leurs cantonnements.

1ᵉʳ Janvier 1871. — Séjour de ces troupes. Le 4ᵐᵉ de ligne est toujours de grand'garde sous Péronne.

HEM ET FEUILLÈRES

27 Décembre. — Le 8ᵐᵉ bataillon de pionniers et un parc du 8ᵐᵉ d'artillerie s'installent dans ces communes.

28. — Une batterie du 8ᵐᵉ d'artillerie part le matin pour aller prendre position à Biaches, au Moulin Brûlé.

CLÉRY

27 Décembre. — Vers trois heures de l'après-midi,

5,000 Allemands environ arrivent à Cléry. En outre de ces 5,000 hommes, un très fort détachement campe dans la plaine, à l'ouest de ce village, tandis qu'un autre campait au nord.

Pendant le siége, Cléry est occupé par les 4ᵐᵉ, 29ᵐᵉ, 44ᵐᵉ régiments de ligne, en détachements, une partie du 8ᵐᵉ d'artillerie et le 7ᵐᵉ ulhans.

HALLES

27 Décembre. — A deux heures, quatre ulhans traversent Halles et sont bientôt suivis par treize autres qui vont en reconnaissance vers Péronne et reçoivent le feu d'un poste de Mobiles établi au Châlet Marchandise. Un de leurs officiers est grièvement blessé. Furieux, les ulhans mettent le feu aux dépendances du moulin de l'Orgibet, reprochant aux frères Gamant de ne leur avoir pas dit qu'il y avait des francs-tireurs sur la route. A six heures, arrivent 1,200 hommes des 44ᵐᵉ et 69ᵐᵉ de ligne.

28. — Un fort détachement du 8ᵐᵉ d'artillerie arrive le matin de Cléry avec 22 pièces de canon. A onze heures du soir il est appuyé par 1,000 hommes du 4ᵐᵉ de ligne.

30. — Départ du 4ᵐᵉ qui est remplacé, à une heure de l'après-midi, par un bataillon du 29ᵐᵉ. Ce bataillon séjourne à Halles jusqu'au 9 janvier, dix heures du matin.

ALLAINES ET ANNEXES

27 Décembre. — Vers six heures du soir, arrivent à Allaines 500 fantassins du 29ᵐᵉ de ligne et 300 artilleurs du 8ᵉ régiment. Ces hommes, en véritables sauvages, *réquisitionnent* des moutons qu'ils tuent séance tenante et mangent sans prendre même la peine de les faire cuire. Ils partent le 28, laissant un poste de 40 hommes qui est resté pendant toute la durée du siége.

Pendant ce temps, 800 hommes des 29ᵐᵉ et 44ᵐᵉ occupent Feuillaucourt. Le 28, ces troupes établissent une barricade qui défend les ponts de la Tortille, en-deçà de Feuillaucourt, sur la route de Péronne à Arras.

31. — Le poste du 29ᵐᵉ, établi à Allaines, barricade le village.

AIZECOURT-LE-HAUT

27 Décembre. — Dans la matinée, se montre une reconnaissance de 50 hussards rouges à laquelle succède, vers le soir, une autre reconnaissance de 50 ulhans.

28. — Vers neuf heures, six compagnies du 44ᵐᵉ de ligne, cinq escadrons du 5ᵐᵉ ulhans et plusieurs batteries du 8ᵐᵉ d'artillerie prennent leurs cantonnements.

29. — Les compagnies du 44ᵐᵉ sont remplacées par un bataillon de fusiliers du 69ᵐᵉ jusqu'à la fin du siége. Si l'on en croit les renseignements recueillis alors, ce bataillon se composait, en grande partie, de sujets russes, déserteurs ou volontaires.

30. — L'état-major et le train du 1ᵉʳ dragons de réserve viennent grossir le nombre des troupes déjà établies à Aizecourt.

BUSSU

Pendant toute la durée du siége, cette commune est occupée par les 29ᵐᵉ, 69ᵐᵉ, 7ᵐᵉ ulhans, 4ᵐᵉ dragons, 9ᵐᵉ hussards et 8ᵐᵉ d'artillerie.

DRIENCOURT

28 Décembre. — A midi, 1,200 hommes du 4me de ligne occupent le village où ils séjournent jusqu'au 31, date à laquelle ils sont remplacés par des détachements des 69me, 8me d'artillerie, 1er dragons de réserve.

TEMPLEUX-LA-FOSSE

Pendant le bombardement, cette commune est occupée par des détachements des 29me, 44me, 69me et 8me d'artillerie.

TINCOURT-BOUCLY

Le 19me de ligne occupe Tincourt-Boucly pendant toute la durée du bombardement.

DOINGT-FLAMICOURT

27 Décembre. — Après l'escarmouche du Mesnil-Bruntel, cinq à six mille hommes d'infanterie, de cavalerie et d'artillerie, avec le général de Senden, s'arrêtent à trois cents mètres du village, à la Haute Rue. 2,500 logent dans la commune et le surplus est cantonné sur différents points du territoire.

Du 27 décembre au 7 janvier, le village est occupé par le 81me et le 19me, ce dernier campé vers Bussu. A ces régiments est jointe une batterie d'artillerie légère. En outre une ambulance est installée.

ATHIES

Les 19me et 35me y séjournent pendant toute la durée du siége.

28 Décembre au 31. — Installation de l'intendance du corps de siége avec l'ambulance n° 8, ayant quarante-deux lits disponibles. Pendant cet espace de temps, douze fourgons à la croix de Genève y arrivèrent tout remplis de soldats blessés ou tués pendant le bombardement et suivis de deux canons démontés.

MESNIL-BRUNTEL

27 Décembre. — Cette commune, désignée à la vengeance des Prussiens par la surprise dont ils y furent victimes de la part de nos gardes nationaux volontaires, fut occupée pendant tout le bombardement par les 81me, 40me, 29me et 4me escadron de hussards.

VILLERS-CARBONNEL

Pendant le bombardement, des détachements des 1er, 8me et 11me d'artillerie, 19me, 29me, 81me et des escadrons du 6me dragons bleus y tiennent leurs cantonnements. Dans la journée du 30 décembre, des pièces démontées provenant de l'artillerie de siége traversent Villers.

ÉTERPIGNY

Éterpigny est gardé, pendant le bombardement, par des détachements des 19me, 29me, 81me et 8me d'artillerie, formant 8 à 900 hommes.

BARLEUX

28 Décembre. — Une compagnie du 4me de ligne polonais, avec 25 cavaliers du 18me lanciers saxons, s'installe dans Barleux. Dans une reconnaissance faite sur Péronne, un de ces cavaliers est tué par un obus de la place entre le chemin de Barleux et la Maisonnette.

31. — Une batterie d'artillerie de campagne du 8me se tient en réserve sur la place. Dans cette même journée, arrivent à destination de Péronne des pièces de siége venant d'Amiens.

BIACHES

Du 28 Décembre au 30. — Le village de Biaches est occupé par 1,500 hommes. du 29me de ligne et deux batteries· du 11me d'artillerie. Le service des avant-postes est fait par une compagnie du 81me.

1er Janvier. — Ces troupes sont augmentées par deux bataillons du 33me et 30 hussards qui partent le 6 janvier.

FLAUCOURT

28 et 29 Décembre. — Occupation du village par un escadron du 18me lanciers saxons commandé par un colonel.

30 et 31. — Arrivée de deux escadrons de la même armé ayant à leur tête le général Seens et de quelques compagnies d'infanterie saxonne (chasseurs à pied).

CARTIGNY

La moyenne d'occupation dans cette commune, pendant le bombardement, a été de 2,500 hommes.

—

En nous résumant, nous trouvons que, dans un rayon d'environ dix kilomètres, Péronne était cernée par DOUZE régiments d'infanterie : 4me, 19me, 28me, 29me, 33me, 35me, 40me, 44me, 65me, 68me, 69me et 81me ;

Par huit régiments de cavalerie : 1er, 4me, 6me dragons, 8me, 9me hussards, 18me lanciers saxons, 5me et 7me ulhans ;

Par les 1er, 8me et 11me d'artillerie avec le 8me bataillon de pionniers.

Tout cela, comme je le disais au début de ce chapitre, composait une force imposante et bien capable de tenir en échec celles très-restreintes et peu aguerries de Péronne.

CHAPITRE XIV

Mercredi 28 Décembre 1870

Ce jour-là, vers une heure trois quarts de l'après-midi, après le départ du parlementaire, j'examinais avec une longue vue les hauteurs de Biaches et de la Maisonnette ; M. Rouillard, de ma compagnie, était avec moi. Des masses noires, dans lesquelles on remarquait de la cavalerie, s'agitaient au haut de la côte vers Herbécourt, à droite d'une petite maison isolée, au lieudit : le Moulin brûlé. Une partie s'en détacha, se dirigeant vers la Maisonnette, à l'abri des ravins et des futaies.

Le maréchal-des-logis Cotté, de l'artillerie de la Mobile, ayant avec lui dix hommes, se rendit en toute hâte au Pâté-Noyé pour mitrailler l'ennemi. Il y tint bon jusqu'à la nuit tombante, malgré les plus grands dangers dont le moindre ne fut pas de rentrer en ville sur la glace trouée en maints endroits par les batteries ennemies, distantes à peine de 6 à 700 mètres. Il est à noter que le Pâté-Noyé ne fut abandonné qu'après la mise hors de service de la seule pièce qui tirât efficacement du côté des Allemands et sur l'ordre donné au maréchal-des-logis de l'évacuer pour se rendre à la Couronne de Paris.

L'énergie de ce sous-officier ne se démentit pas pendant les treize jours du bombardement et sa conduite fut justement récompensée.

Je me rappelle qu'au moment où, à découvert, il allait s'aventurer sur la glace pour gagner le Pâté-Noyé, je lui serrai la main en lui souhaitant bonne chance.

— « N'ayez pas peur, mon lieutenant, me répondit-il d'un ton résolu. Vous allez voir comment on casse là g.... à ces gaillards-là ! »

Du côté de Halles, Mont-Saint-Quentin, Rocogne, Doingt, Flamicourt, on pouvait observer les mêmes mouvements qu'à Biaches et à la Maisonnette.

L'investissement de Péronne était complet.

J'ai exposé plus haut l'état de défense de la ville. Il est utile de mettre en parallèle les moyens d'attaque de l'ennemi.

Pendant le premier jour, et de son propre aveu dans la *Revue allemande,* il mit en position 54 pièces de campagne, obusiers de 4 et de 6 qui, grâce à des feux croisés parfaitement combinés, nous criblèrent d'une masse de projectiles.

Ces pièces étaient disposées de la façon suivante :

Au Nord, vers Mont-Saint-Quentin, une batterie de 6 pièces établie entre le chemin de grande communication de Péronne à Bertincourt et les moulins de Mon-Idée, non loin de la briqueterie Despontins.

Cette batterie, appartenant au 1er régiment d'artillerie, commandée par le capitaine Cilius, fit un feu d'enfer, et je tiens du capitaine lui-même que, pendant la seule nuit du 28 au 29 décembre, elle tira 636 obus ! Ce seul fait se passe de commentai-

res et indique suffisamment avec quelle fureur un ennemi froidement barbare s'acharnait sur la ville pour jeter, selon son système, l'intimidation et la terreur dans la population.

Les pièces de la batterie du Mont-Saint-Quentin furent vivement attaquées et inquiétées par la pièce de marine JOSÉPHINE, du bastion Saint-Sauveur, secondée par la pièce de 12 rayée qui se trouvait à sa gauche au saillant 11 du bastion Vendôme. A un moment, les canons ennemis voulurent s'établir sur la crête du chemin de sole conduisant vers Mon-Idée, mais les marins, par leur tir régulier et nourri, les eurent bientôt culbutés et obligés à reculer.

La pièce de 12 rayée, face droite du bastion Richelieu, commandée par Lohou, les pièces des canonniers auxiliaires de l'ouvrage de Bretagne, au saillant 8, ont concouru vigoureusement à ce résultat.

A l'Est, sur le terroir de Doingt-Flamicourt, il n'y avait pas moins de 12 pièces placées : six à la carrière dite d'Esgrigny, quatre à la bifurcation de deux chemins dont l'un, par une allée de jeunes pommiers, conduit à la ferme de Bruntel, deux enfin, non loin et en avant du moulin dit de Doingt. Ces douze pièces furent assez maltraitées par le canon de la place et surtout par la pièce de 12 rayée située derrière le jardin François et servie par les artilleurs de la Mobile sous l'énergique direction du capitaine Dehaussy. Cette pièce, trop exposée à des feux croisés et abandonnée un instant pour ce motif sur l'ordre du chef d'escadron d'artillerie, fut de suite réoccupée et continua son feu sans relâche. On peut encore voir sur nos murailles, par la trace des projectiles, avec quel acharnement l'ennemi cherchait à la démonter.

BATTERIES PRUSSIENNES

AUX

ENVIRONS DE PÉRONNE

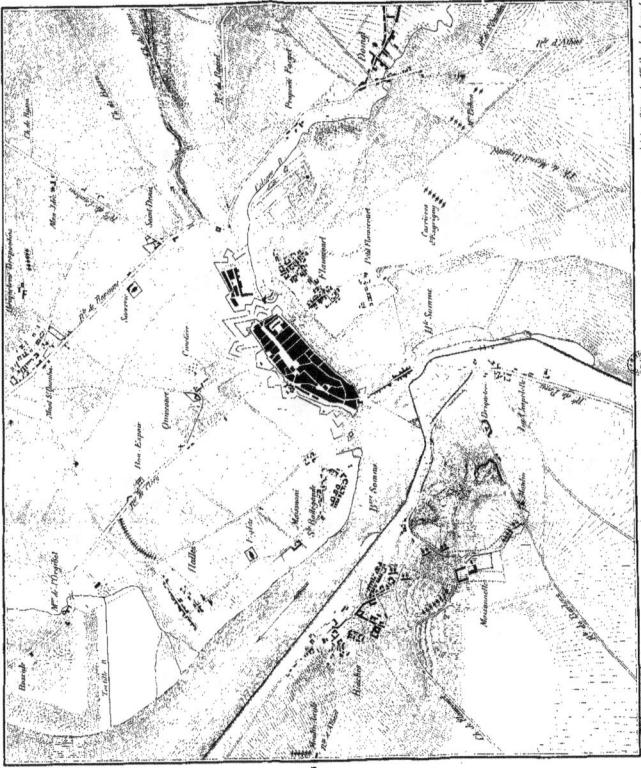

Echelle au $\frac{1}{50000^e}$

Feux du 1er Bombardement

2e ‒‒‒

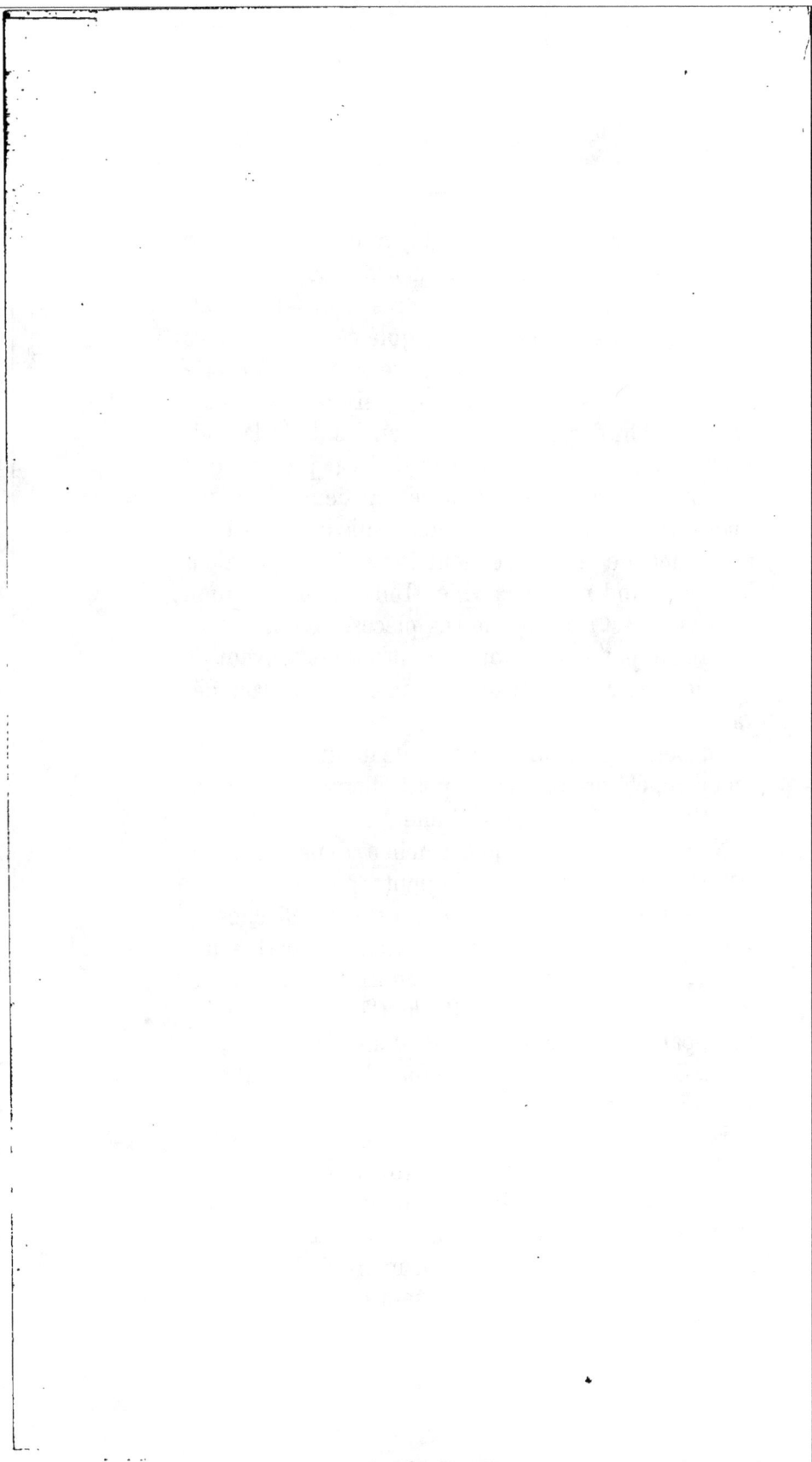

Au Midi, vers la Maisonnette, huit pièces le long d'une rangée de pommiers, en bas et en avant de la maison des domestiques. Après avoir tiré quelques coups et se voyant trop inquiétées par la pièce de marine FANNY, les pièces rayées de la batterie Damay et l'obusier du Pâté-Noyé, six de ces pièces vont s'établir derrière les haies, en haut de la Maisonnette, vers la route de Barleux. On prétend que les emplacements de ces pièces avaient été pratiqués par des habitants de Biaches mis en réquisition à cet effet. De là, elles étaient invisibles et faisaient le plus grand mal à la ville. Telle n'est pas mon opinion. Il est certain que ces pièces, comme celles des autres points d'attaque, changeaient souvent de position, alors surtout que le canon de la place dérangeait leur tir.

On ajoute que l'emplacement de deux pièces avait, en outre, été préparé sur le petit chemin de la Chapelette à Barleux, au petit Frène.

Nous croyons savoir qu'il a eu lieu, mais seulement pendant le second bombardement.

Au Sud-Ouest, au haut de la côte de Biaches, à droite de la route de Péronne à Albert, entre Biaches et Herbécourt, six pièces. Cet endroit se nomme le Vieux Moulin ou le Moulin Brûlé. C'est là que se développaient les masses noires dont j'ai parlé plus haut. Ces pièces firent peu de mal, leur tir étant trop allongé.

Elles avaient été, comme celles de la Maisonnette, dirigées de Feuillères où se trouvait un parc du 8me régiment d'artillerie. Le capitaine qui les commandait, en partant le matin pour aller prendre ses positions, disait à M. Vion, maire de Feuillères :
— « Demain matin, Péronne sera rendue. »

A l'Ouest, vers Halles, parallèlement au chemin de peupliers longeant la propriété de M. G. Gonnet, vingt-deux pièces dont une se détache pour prendre position sur la grande route, et un peu en dessous du châlet Marchandise, ayant pour objectif direct la tour de l'église Saint-Jean, qu'elle cribla de plus de 60 projectiles.

Ces vingt-deux pièces, placées sur une ligne ascensionnelle partant de la route de Cléry pour aboutir au Chemin Vert, dans la direction de Maismont, tirent sans relâche du mercredi 28 au jeudi 29 à quatre heures du matin. Pendant le jour, elles restent abritées, invisibles pour les assiégés, au tiers de la côte des fonds de Halles. Le soir, quelques-unes gravissent la hauteur, et leurs projectiles, drus et serrés, rasent en sifflant les fortifications. A ce moment, elles sont abîmées par les pièces du quartier-maître Lohou.

Le 29, à quatre heures du matin, elles quittent leurs positions se dirigeant vers Cléry.

En outre de ces nombreuses batteries établies autour de Péronne, certaines personnes prétendent que vers Doingt, en avant ou sur le côté du bois de Rocogne, il y avait encore des canons. Selon moi, c'est une erreur. J'ai minutieusement examiné et relevé la situation de l'ennemi et, nulle part aux endroits indiqués, je n'ai trouvé la trace de l'établissement de ces canons. Je pense qu'il en est quelquesuns qui, allant et venant de Doingt ou du Mont-Saint-Quentin vers Bussu et *vice versa*, ont essayé leur tir sur la ville en arrière du bois de Rocogne. Mal leur en a pris, car les pièces blindées et rayées de la couronne de Bretagne les ont obligés à déguerpir.

De l'énumération qui vient d'avoir lieu, il résulte donc que 54 pièces tiraient sur Péronne. C'était là, assurément, une partie de l'artillerie de l'armée de Manteuffel accourue de la Normandie pour attaquer l'armée du Nord commandée par Faidherbe, laquelle menaçait de couper ses communications avec l'Allemagne.

Cette opinion est corroborée par cette circonstance que l'artillerie ennemie se composait exclusivement de pièces de campagne qui ont suspendu le bombardement le 31 décembre pour se diriger, le 2 janvier, à notre insu, sur le champ de bataille de Bapaume.

En dehors des 54 pièces tirant sur Péronne, il s'en trouvait encore en réserve dans les villages environnants, outre six pièces de réserve pour l'artillerie destinée au bombardement. [1]

Il est utile d'ajouter que l'ennemi avait intercepté, par des barricades solidement établies, les abords de la ville vers Doingt, Bussu, Éterpigny et Cléry.

A une heure 57 minutes, un bruit strident siffla au-dessus de nous ; c'était le premier obus prussien qui frappait la ville.

Ce ne fut, en un instant, sur tout le front de la Place, qu'un tapage infernal.

Les Péronnais, surpris plutôt qu'effrayés par le danger de projectiles inconnus, s'interrogeaient les uns les autres.

[1] L'artillerie de bombardement avait 60 pièces se décomposant de la manière suivante :

5 Batteries de 6 ;
5 Batteries de 4 ;

à 6 pièces par batterie. — (Note manuscrite du capitaine Von Spilner du 69me prussien.)

Malgré ce que les journaux avaient rapporté du système de guerre des Prussiens, ils pensaient que toute cette canonnade s'adressait aux fortifications et à la garnison, tant il est vrai qu'en face même de l'évidence nous ne pouvons, en France, ajouter foi à tout ce qui est contraire au droit des gens.

Cette erreur ne fut pas de longue durée. Bientôt les toitures des maisons, les cheminées, les maisons elles-mêmes volèrent en éclats ou furent dévorées par l'incendie.

De leur côté, une partie des habitants de Sainte-Radegonde quittaient leurs foyers pour se réfugier dans des abris casematés que la prévoyance de leur maire, M. Décamps, avait fait construire à la hâte.

Le poste de la Place était occupé par la 3me compagnie de la garde nationale sédentaire, capitaine Cadot, appuyée, à l'Hôtel de Ville, par un poste de Mobilisés. Il faisait partie du secteur du centre sous le commandement du lieutenant-colonel Gonnet et surveillait surtout les incendies.

Après le poste du Château, occupé par le Commandant de place, c'était le point de concentration des secours à porter aux endroits les plus menacés.

Cependant l'orage grondait, terrible, impétueux, et les canons de la Place répondaient, coup pour coup, au feu de l'ennemi que nous recevions bravement. Les femmes, les enfants, les vieillards descendirent dans les caves où l'on cacha, à la hâte, ce que l'on avait de plus précieux. Beaucoup s'enfuirent aux casemates d'où ils ne devaient sortir que pour succomber à une mort occasionnée par les miasmes infects qui s'en échappaient. Les hommes valides, un certain nombre du moins, installés sur divers points de la ville, veillèrent pour éteindre le feu des projectiles.

A deux heures et quelques minutes, un obus, entré par la lucarne d'un grenier, rue du Noir-Lion, y tuait raide Mlle Sophie Bachelet. « Mon Dieu ! je suis morte ! » furent les seuls mots qui sortirent de sa bouche. C'est ainsi que périt, regrettée de tous, la première victime du bombardement.

Presque au même instant, dans la rue Saint-Jean, un obus pénétrait et éclatait dans un magasin d'épicerie exploité par les époux Mazure-Cyrille. La femme, assise dans son comptoir, fut renversée pour ne plus se relever. Elle portait dans ses bras un jeune enfant qui fut, ainsi que le père, assez grièvement blessé. Une autre enfant de 6 ans ne fut pas atteinte.

A deux heures quinze minutes, une vive fusillade s'engageait à la porte Saint-Nicolas, entre une compagnie de Mobiles du Pas-de-Calais, quelques gardes nationaux et des éclaireurs prussiens qui, sortant du bois du Quinconce, s'étaient avancés jusque sur le chemin qui, du jardin anglais, conduit à la maison Brunel, vers Sainte-Radegonde.

Les canons placés près de Halles et du châlet Marchandise soutenaient ces éclaireurs.

Un de leurs obus éclate dans les rangs des défenseurs de la ville.

Trois Mobiles sont renversés, cruellement frappés. Au milieu d'une grêle de projectiles, des gardes nationaux de bonne volonté, en dehors de leur service, au milieu desquels se distinguent MM. Amazan Gonnet, Durieux et quelques autres dont nous ignorons les noms, les transportent à l'abri du feu de l'ennemi. L'un des Mobiles meurt en arrivant au poste Saint-Nicolas ; le second pendant la nuit ; le troisième, à qui l'on avait coupé la jambe, meurt après la capitulation. Le capitaine Lenain, de la 5me compagnie, se trouvait au milieu d'eux quand éclata le projectile dont la poudre lui avait complètement noirci la main. La canonnade continue, le fer tombe, éclate ; M. Marchandise, garde national de la 3me compagnie sédentaire, est blessé d'un éclat d'obus à la jambe ; un autre, M. Raimond, est blessé à la tête. La place n'était plus tenable.

Pendant cette journée, aux batteries de Halles, un canon était démonté, deux chevaux et un artilleur étaient tués par nos pièces. L'homme fut enterré au bord même de la route.

Dans la maison de M. Louis Leleu, cultivateur en cette commune, un obus parti de la Place et destiné aux Prussiens, y tua sa servante occupée à battre le beurre, renversant chaises, poêle, mobilier et respectant, heureusement, six personnes qui se trouvaient là.

Dans la soirée, 8 artilleurs du 8me furent tués par un de nos projectiles et un plus grand nombre blessé.

Des gens de Cléry transportèrent les blessés à l'ambulance d'Albert. — Ce détail a été donné par le chirurgien de l'ambulance de Lorgibet.

A son tour, l'incendie vient en aide à la fureur des assiégeants.

Dans la petite rue du Collége, un hangar est la proie des flammes ; il brûle en un instant avec quinze moutons qu'on y avait abrités.

J'ai déjà dit que trois drapeaux blancs à la croix rouge flottaient, dès le mardi 27 décembre, sur notre établissement hospitalier. On espérait, à l'aide de ces signaux protecteurs, sauver les orphelines, les vieillards et les malades qu'il renfermait. Vain espoir ! car les premiers obus furent pour l'Église et l'Hôpital.

A deux heures dix minutes, au moment où les sœurs de Saint-Vincent faisaient la lecture spirituelle, les projectiles ennemis mettaient le feu au bâtiment des vieillards, — hommes et femmes, — et jetaient l'épouvante et l'effroi parmi eux. Le dévouement de quelques soldats et de quelques citoyens courageux arrêta l'incendie.

A deux heures et demie, ce fut le tour de la salle des militaires qui fut également sauvée.

Pendant ce temps, grâce à l'activité, au zèle et à la vigilance des sœurs, tous les malades, les orphelines et les vieillards avaient pu, non sans peine, être mis à l'abri dans les caves.

A deux heures trois quarts, un incendie, terrible cette fois et impossible à éteindre, se déclarait dans le grenier des militaires. Quelques instants suffirent pour le propager dans tout l'édifice qu'il fallut renoncer à sauver.

Ce fut alors un spectacle sinistre, épouvantable ; ce fut, en même temps, contre la colère des hommes, une lutte admirable des filles de Dieu, dévouées, sublimes et modestes à la fois.

L'ennemi tirait incessamment sur l'Hôpital en feu dont les caves n'offraient plus aux malheureux qui y étaient enfermés une sécurité suffisante. Aussi leur évacuation sur la caserne fut-elle immédiatement résolue. A trois heures, elle commença et ne fut terminée qu'à cinq heures et demie. Plus de deux mortelles heures qui durent paraître deux siècles !

En outre des vieillards, tous au moins septuagénaires et infirmes pour la plupart, il y avait, dans l'Hôpital, cent cinquante malades militaires dont soixante varioleux et quelques-uns atteints de rhumatismes articulaires.

Transporter des hommes en cet état, par un froid de quinze degrés, était chose ni facile ni commode.

Les sœurs, aidées de quelques soldats, soulevaient, traînaient les brancards sur lesquels gémissaient leurs chers et pauvres malades qu'elles ne voulaient pas abandonner. L'amour du prochain décuplait leurs forces et, femmes, elles donnaient aux hommes l'exemple de l'énergie et du mépris de la mort. Saintes filles qui sacrifiez au soulagement de l'humanité vos jeunes années, vos affections, votre vie, comment ne pas vous admirer ?

Et pendant que vous accomplissiez votre mission sainte, votre asile brûlait et l'ennemi tirait toujours !

Un ulhan, blessé et fait prisonnier à Cléry par les Mobiles du Pas-de-Calais, y périssait dans les flammes.

Que d'épisodes touchants et tristes pendant ce long et périlleux trajet de l'Hôpital à la caserne !

Ici, ce sont deux pauvres vieillards, presque infirmes, se traînant à peine, qui soutiennent, chancelants et effarés, un de leurs camarades plus infirme encore et plus effaré qu'eux. L'un des deux, soldat du premier Empire, qui porte à sa boutonnière le ruban de Sainte-Hélène, lève, furieux, le poing du côté de l'ennemi, le juron et la menace à la bouche. Une larme muette coule le long de ses joues amaigries et il atteste Dieu qu'il voudrait encore avoir vingt ans pour se venger.

Là, c'est un soldat du 43me de ligne qui, malade, presque nu, porte péniblement sur son dos un compagnon d'armes mourant. Trop faible pour combattre la mort sur un champ de bataille, il veut encore lutter contre elle au milieu de nos rues impitoyablement balayées par la mitraille.

Et l'ennemi tirait toujours !

Le linge, le mobilier, les vêtements des sœurs et des orphelines, une partie de ceux des vieillards, tout fut perdu, brûlé !

N'écoutant que son courage et suivie par quelques soldats, une sœur s'élance vers la lingerie. L'escalier est rompu; le bâtiment est en flammes; les hommes reculent... Qu'importe? Elle avance et, à quatre reprises différentes, elle jette du linge par les fenêtres. Le linge n'est-il pas le soulagement des malades, le salut des blessés? Suffoquée par la fumée, étouffée par le feu, elle descend enfin et continue ailleurs l'œuvre de charité.

Son nom?... Je dois le taire aux hommes. Mais Dieu le sait !

L'argenterie de l'établissement, les vases sacrés de la chapelle, les archives, la comptabilité, tout est sauf; mais l'Hôpital a disparu! Quelques pans de mur calcinés... quelques ferrailles convulsivement tordues... quelques débris informes témoignent seuls qu'il a existé...

La ruine était consommée... et l'ennemi ne tirait plus !

. . . .

. . . .

Cependant la nouvelle installation des services de l'Hôpital n'était pas sans danger à cause des obus qui, sans cesse, étaient dirigés contre la caserne où les docteurs Pouchain et André fils luttaient de sollicitude et d'énergie vis-à-vis des malades et des blessés. En effet, au moment de cette installation, un projectile éclatait près d'une sœur qui portait secours à un malade et la couvrait de poussière et de débris.

A la suite de ces tristes événements, la Commission administrative de l'Hospice se réunit le 20 janvier 1871, et M. Cadot père, l'un des administrateurs, donna lecture du rapport suivant :

Cejourd'hui vendredi vingt janvier mil huit cent soixante-onze, sept heures du soir, sur convocation d'urgence faite par Monsieur le Maire, Messieurs les Membres composant la Commission administrative de l'Hospice se sont réunis à l'Hôtel de Ville ; étaient présents : MM. Fournier, maire provisoire, Cadot, père, Cordier, Bisson, Gonnet Oscar et Daudré.

La séance ouverte, M. Cadot, père, chargé de l'intérieur, a donné lecture à la Commission administrative de l'Hospice de Péronne du rapport fait par lui sur les événements accomplis depuis sa dernière réunion (28 novembre 1870) et sur les dégâts qui sont les conséquences de l'incendie de l'Hospice, qui malgré les drapeaux d'ambulance posés au sommet des bâtiments, a été le premier objectif de l'ennemi.

Messieurs,

Le vingt-huit novembre dernier, vous vous êtes réunis pour statuer sur diverses mesures urgentes nécessitées par l'invasion de la petite vérole sévissant dans la garnison qui occupait la ville.

Toutes vos prescriptions ont été fidèlement exécutées avec une énergie, une activité incessantes et avec le concours des sœurs de charité, on était parvenu à isoler les petites véroles des autres maladies.

Le service médical a été fait avec le plus grand soin et la plus grande persévérance par les médecins André et Pouchain. On ne saurait trop les féliciter de leur zèle et de leur dévouement ; l'Hospice, vers la fin de décembre, donnait asile à plus de 150 militaires et à tout le personnel-hospice, composé des orphelines, des vieillards hommes et femmes, des incurables hommes et femmes.

Tout était bien organisé et tout marchait avec ordre et régularité lorsque le 28 décembre dernier, la ville a été subitement bombardée par l'armée prussienne.

Le bombardement a commencé à deux heures de relevée, le 28 décembre, et, à 4 heures, les bâtiments de l'Hospice étaient en feu.

Les obus et les bombes n'ont cessé de tomber sur cet édifice hospitalier que lorsque le tout était devenu la proie des flammes.

Les efforts les plus constants et les mieux dirigés ont été infructueux.

Une seule pompe était venue au secours de l'Hospice, les autres étant occupées aux nombreux incendies qui se propageaient dans la ville.

Pendant 10 à 12 heures, une vingtaine d'hommes courageux ont donné leur concours pour arrêter l'incendie, tous ont couru des dangers imminents, exposés qu'ils étaient aux éclats des bombes et des obus. Parmi ces hommes, les nommés Gaddy, sergent des pompiers, Rousseau, Démoulin et Aimé Désiré se sont fait remarquer par leur courage.

Les premiers soins se sont portés sur les malades, les vieillards, les incurables, en un mot sur tout le personnel de l'Hospice qui a été évacué sur la caserne. Tous sans exception ont échappé à l'incendie.

Le personnel sauvé, on s'est occupé du transport dans la caserne et dans les caveaux de l'Hospice du mobilier et notamment de la literie et du linge.

Malgré les efforts les plus persévérants et les plus actifs, une grande partie du mobilier a été la proie des flammes.

Ce qui reste est en partie avarié et d'une faible valeur. Cet incendie est un véritable désastre.

Mes soins se sont portés sur les archives qui se trouvaient enfermées dans une armoire en chêne de grande solidité et dont on n'a pu trouver la clef ; il a fallu briser les portes. Les fenêtres de l'appartement où se trouvaient les archives étaient en feu lorsque le déménagement avait lieu.

Les archives sauvées, il a été procédé au sauvetage du bureau de l'économe où se trouvaient toutes les pièces de comptabilité. Le tout a été sauvé et mis dans le caveau présentant le plus de sécurité.

Aujourd'hui les archives et les pièces de comptabilité sont provisoirement rangées dans le bureau de l'économe, bureau qui a été remis en état.

Quant aux pertes matérielles, on peut dès à présent les évaluer à 350,000 francs.

L'exposé qui précède vous donne, d'une manière sommaire, la connaissance de la gravité du préjudice causé à l'établissement confié à vos soins ; il convient maintenant de vous dire ce que j'ai cru devoir faire avec le concours des médecins et des sœurs dans l'intérêt du personnel de l'Hospice et des malades militaires et civils.

L'embarras était d'autant plus grand, que l'épidémie de la petite vérole, loin de diminuer, prenait une intensité plus grave.

On a organisé tous les services à la caserne, on a séparé les varioleux des autres malades, on a casé tant bien que mal les vieillards, les incurables et les orphelines.

Inutile de vous dire combien ces différents services étaient en souffrance. Aussi, lorsque la ville a eu capitulé, il a fallu s'entendre avec l'autorité prussienne et, d'accord avec elle, il a été convenu :

1° Que les militaires malades, devenus prisonniers de guerre, resteraient à la caserne et seraient soignés par nos médecins et les médecins prussiens, et seraient alimentés par leur administration.

2º Que quant au personnel-hospice, il quitterait la caserne pour se retirer dans divers locaux.

Par suite de ces conventions, j'ai fait rentrer à l'Hospice tous les objets de literie, tout le linge et les autres objets mobiliers qui, au moment de l'incendie, avaient été transportés à la caserne.

Le personnel a évacué la caserne.

Les orphelines, les incurables et les vieillards femmes sont installés à l'Hospice dans les locaux occupés autrefois par les vénériens et la maternité.

Les vieillards hommes sont installés à l'asile. Des sœurs de charité s'occupent de ces divers services ; quelques-unes continuent de donner leurs soins aux malades militaires français et prussiens installés dans la caserne, dout une partie est transformée en ambulance.

Espérons, messieurs, que rien ne viendra contrarier ces organisations qui ne se sont pas opérées sans mal et sans argent.

Le personnel-hospice est donc entièrement séparé des militaires et la commission, à partir de ce jour, aura la surveillance qui lui incombait autrefois.

En ce moment, il y a lieu de s'occuper immédiatement et d'urgence des achats de linge et vêtements dont sont dépourvus les vieillards et les orphelines qui n'ont sauvé que ce dont ils étaient porteurs.

Ces acquisitions doivent être confiées aux soins de Mme la supérieure qui s'entendra avec le commissaire de l'intérieur.

A cet effet, je vous demande l'autorisation de faire les achats indispensables jusqu'à concurrence de deux mille francs. Lorsque cette somme sera épuisée, il vous sera demandé une nouvelle autorisation de dépenses.

Tels sont, Messieurs, les renseignements que j'avais à vous transmettre et qui vous font voir combien sont considérables les pertes occasionnées par le bombardement. Il faudra du temps, de l'énergie et beaucoup d'argent pour relever un établissement hospitalier qui se recommandait par sa bonne tenue et surtout par le bien qu'il procurait à la ville et à l'arrondissement.

Après avoir entendu la lecture du rapport qui précède, la Commission donne son entière approbation à tout ce qui a été fait par M. Cadot, chargé du service intérieur de l'Hospice, et s'empresse de constater que c'est à son dévouement et à son énergie qu'on doit notamment la conservation des archives et des pièces de comptabilité. La Commission vote des remerciements aux nommés Gaddy, sergent des sapeurs-pompiers, Rousseau, Démoulin et Aimé Désiré, qui ont fait preuve de courage et de dévouement pendant l'incendie.

La Commission donne à M. Cadot tout pouvoir pour faire achat des objets les plus nécessaires au personnel-hospice.

Les Mobilisés du 3me bataillon de la Somme se sont fait également remarquer dans le sauvetage de l'hospice et le capitaine Boutiot a été vu emportant sur ses robustes épaules une vieille femme malade et infirme. M. Cadot père y a donné, pendant deux jours et deux nuits, l'exemple du plus grand courage et du plus grand sang-froid.

Toute la journée, la lutte continue, violente, acharnée de part et d'autre.

Entre deux et trois heures, le feu consume trois maisons dans la rue du Sac. — Peu après, plusieurs dépendances des maisons Platrier et Dehaussy, rue du Paon, Doyen et demoiselles Lemercier, rue Saint-Sauveur, sont incendiées. Deux Mobilisés, Trépagne et Lecat, sont tués dans l'établissement des frères de la doctrine chrétienne. Un autre Mobilisé, Bourbier, est tué en ville.

Le lieutenant d'artillerie mobile Panien, ayant sous ses ordres les maréchaux-des-logis Caron et Teinturier, dirigeait, au Château, le feu de l'obusier de 16 qui, en obliquant un peu, donnait sur les batteries de la Maisonnette et les dominait. Après quelques coups, l'ennemi qui le distinguait parfaitement tira sur les nôtres. Un obus vint frapper le blindage gabionné de la pièce et ensevelit presque sous les décombres les deux maréchaux-des-logis et leurs hommes. Quelques minutes après, l'affût en bois de cette même pièce est brisé par un recul. A quelque chose malheur est bon, dit le proverbe. En effet, une demi-heure s'était à peine écoulée qu'un obus prussien le mettait en pièces ; mais les servants n'étaient plus là et manœuvraient l'obusier de 22 en batterie à côté.

Dans le même temps, l'obusier placé en face de la caserne éprouvait le même sort, par suite d'une installation défectueuse.

Sur la place, un obus pénètre dans le magasin de M. Récoupé, y brise comptoirs, vitrines, mobilier. Sept ouvriers typographes et deux Mobiles d'Abbeville, qui se trouvaient là, échappent comme par miracle à la mort.

A trois heures du soir, une maison sise rue Mollerue, et appartenant à M. Lefèvre, est la proie des flammes.

C'est comme le signal des incendies qui vont se succéder avec une intensité épouvantable.

En effet, les maisons Baurain-Gonce, charpentier, rue Puchotte, et Lemaire, entrepreneur, rue des Bouchers, brûlent l'une à huit heures, l'autre à neuf et jettent sur la ville des lueurs sinistres.

Du côté de la Maisonnette, on entend une sonnerie de clairon, lente, lugubre à laquelle répondent d'autres sonneries ; à ce signal, le feu semble redoubler d'intensité.

8

A ce moment, inquiet du sort de quelques parents et amis, je vais aux nouvelles. La rue et la montagne Saint-Fursy, enfilées par la batterie de la Maisonnette qui est venue s'établir derrière les haies, à proximité du moulin Boutroy, sont surtout impraticables. Les obus sifflent, éclatent au milieu d'un silence de mort, car on ne rencontre âme qui vive. Aussi le retour chez moi à travers la ville ne me souriant plus, je prends le chemin du rempart.

De la rue du Vert-Muguet que je venais de quitter, à la rue du Moulinet vers laquelle je me dirigeais, j'entendis le sifflement de plus de vingt obus rasant le talus supérieur des fortifications que je gravis pour mieux juger de la situation des pièces ennemies. C'est alors que je vis distinctement, par la flamme, que quelques-unes d'entr'elles avaient quitté les fonds de Halles pour s'établir sur les hauteurs et canonner plus directement la ville.

La lueur des incendies éclairait largement le ciel et se réflétait au loin sur la neige. Les artilleurs ennemis saluaient, de leurs chants cyniques, cet horrible drame.

Dans cette funèbre soirée, le poste de la place fut envahi par une foule de femmes et d'enfants affolés de terreur. On dut pourvoir à leur sécurité et c'est au milieu des plus grands dangers que le Commandant du secteur les fit installer dans les caves de l'Hôtel de Ville.

Toute la nuit, tout le jour, la flamme dévora, ardente, insatiable, les maisons de la place et celles de la rue Saint-Jean. Ce n'est qu'avec horreur que l'on se souvient de cette nuit terrible, la plus terrible des deux bombardements. Les batteries de Biaches, de la Maisonnette, de Flamicourt, de Mont-Saint-Quentin et de Halles luttaient de frénésie et de rage. Les affronter était plus que du courage, c'était de la témérité [1]. Dans cette nuit le poste de la place, devenu intenable, installé comme dans une lanterne et menacé à chaque instant d'être inutilement broyé par les projectiles dut, pour quelques heures, chercher dans les bâtiments de l'Hôtel de Ville l'abri qui, dans une ville de guerre, ne doit jamais faire défaut à la garnison.

Allumés à plusieurs endroits à la fois, les incendies éclatent presque simultanément aux premières clartés du jour, sans que les secours portés par quelques citoyens courageux pussent être de quelque utilité.

Dans la rue Saint-Jean, la maison occupée par la Recette particulière des finances brûle vers deux heures du matin. Les valeurs et papiers sont sauvés; mais une somme en argent relativement importante est la proie du fléau. Dans les décombres, on en retrouva le lingot qui échappa heureusement aux trop nombreux maraudeurs qui portèrent le pillage et le vol au milieu de nos ruines fumantes.

A ce sujet, voici deux pièces authentiques :

« Je soussigné, Garnier, commandant la Place de Péronne, déclare que M. Faugeyron, receveur des finances de l'arrondissement, m'a remis en dépôt, aujourd'hui 31

---

(1) Généralement, des perches surmontées d'une torche de paille, quelquefois de simples baïonnettes fichées en terre, servaient aux pointeurs allemands pour diriger leur tir. Un guetteur, à plat ventre au pied de ces hausses improvisées, indiquait les rectifications à faire.

Sur la côte extrême de Halles, j'ai même remarqué un chevalet de scieur de long qui devait servir de point de concentration aux pièces.

décembre, des pièces de 5 francs en argent qui ont été retrouvées dans les décombres de sa maison incendiée par suite du bombardement de l'ennemi du 28 décembre présent mois.

» Ces pièces étaient contenues dans un seau en zinc et le tout d'un poids de 25 kilog. 800 gr.

» Péronne, le 31 décembre 1870.

» *Le Commandant de la Place de Péronne,*

» GARNIER. »

« L'an mil huit cent soixante-et-onze, le 28 avril, sur la demande qui m'en a été faite par M. le Receveur particulier des finances,

» Je soussigné, premier Conseiller municipal, remplissant les fonctions de Maire de la ville de Péronne,

» Certifie m'être transporté dans les magasins de M. Lefevere, négociant en cette ville, à l'effet de constater le poids de pièces d'argent en lingots déposées chez lui pendant le bombardement et qu'on lui a déclaré provenir de la Recette des finances et à lui remises par M. le Commandant de Place.

» En l'absence de M. Lefevere, il a été représenté un sac en toile qu'on m'a déclaré contenir les pièces d'argent en lingots dont est ci-dessus question.

» Je certifie que ce sac pesé en ma présence a donné un poids, sac compris, de 24 kilog. 800 gr.

» Péronne, lesdits jour, mois et an.

» *Le premier Conseiller municipal faisant fonction de Maire,*

» VILLEMANT. »

Presque en même temps, l'établissement des Bains avait le même sort que la Recette et, plus loin, la maison Fouquempré n'était bientôt plus qu'un monceau de cendres.

Rue Saint-Georges, l'établissement de serrurerie et maréchalerie Delaporte brûlait. Déjà, rue Saint-Fursy, la belle habitation de Mlle Marie Lemercier avait été la proie du feu.

Là, comme ailleurs, les caves, ces abris sûrs et inappréciables de M. le commandant Peyre, étaient elles-mêmes dévorées par l'incendie et tout ce qu'on y avait soigneusement renfermé était détruit, anéanti.

Mais un plus grand désastre devait succéder à ces ruines. L'église paroissiale de Saint-Jean-Baptiste, effondrée, trouée, mise à jour par l'artillerie ennemie, offrait le plus triste des spectacles. Nos belles vitrines, l'admiration des artistes, qui avaient figuré à l'exposition de 1867, étaient brisées et, pour mettre le comble à l'horreur, les Vandales qui, avec le fer, avaient battu en brèche la maison de Dieu, allaient en achever la destruction par la flamme. Pour circonscrire l'incendie et pour lui enlever un nouvel aliment, on débarrassa toutes les chaises qui garnissaient l'intérieur de l'église et on les porta sur la place du Marché-aux-Herbes.

La sacristie, la salle du conseil furent réduites en cendres et, avec elles, les ornements du culte estimés cent mille francs.

La tour, criblée de boulets et d'obus, resta debout et échappa, cette fois, aux flammes qui dévoraient l'église.

CHAPITRE XV

Jeudi 29 Décembre

La canonnade continue.

Entre huit et neuf heures du matin, les maisons Villet, Chatonnier, Freund et Lenté brûlent. L'incendie consume la maison Douchet et se propage chez le charcutier Marchandise et la veuve Démoulin, bouchère.

Les feux de l'ennemi se croisant en tous sens sur la ville, il était presque impossible de porter secours aux incendiés. Ajoutez à cela un froid de 15 degrés, les pompes à incendie et celles de la ville gelées, et vous comprendrez quelle affreuse situation était faite aux malheureux habitants de Péronne.

Ces incendies ne sont pas encore éteints que trois autres maisons, sises rue du Collége et habitées par les veuves Prache, Gouabin, Dargencourt et Forget sont consumées en un instant. Dans l'une d'elles, un vieillard du nom de Guilain Parsy est brûlé vif; dans les décombres, quelques temps après le bombardement, on retrouva ses os calcinés.

Il est neuf heures du matin.

A la caserne, transformée en hôpital, un marin du nom de Le Bitou, se trouvant à l'infirmerie, est tué

par un obus entré par la fenêtre. Le capitaine Poitevin rend à sa mémoire cet hommage qu'il s'était
bien conduit à la pièce dont il était le chef et que la
fatigue et la maladie l'avaient, seules, forcé d'abandonner.

Bientôt, tout un côté de la grande place est en
feu. Allumé chez MM. Quentin et Sevestre, l'incendie
se propage à gauche et à droite et dévore successivement les maisons Ballue, Sainsaulieu-Desportes,
Thibault, demoiselle Lamy, veuve Thuet, Lepreux,
Clabaux-Minotte, Plumerat et Scellier. Au milieu
de ces incendies, le capitaine Dieppe, de la garde
nationale sédentaire, homme énergique et résolu,
se multiplie. Comme le capitaine Douay, de la 1re,
il fera, jusqu'à la fin, son devoir sans peur et sans
forfanterie.

Sur toute l'étendue de la place, les plus courageux
ont déposé une partie de leur mobilier et de leurs
marchandises qui demeurent ainsi exposés aux in-
tempéries de la saison, aux projectiles ennemis et à
la convoitise des rôdeurs de nuit. Autour de ce
fouillis émouvant d'objets les plus divers errent les
malheureuses victimes, jetant à ces tristes épaves
un regard de douloureuse résignation.

Péronne est, en ce moment, un immense brasier
ravivé de minute en minute par les obus prussiens
lancés à dessein au milieu des flammes et fournissant
ainsi un nouvel aliment au fléau destructeur.

C'est en présence d'un pareil spectacle qu'il faudrait clouer les empereurs et les rois qui, sans souci
de leurs peuples et pour satisfaire un fol orgueil ou
un intérêt dynastique, déchaînent les uns contre
les autres des êtres que la religion a fait frères. Les

grincements du fer qui se tord sous la flamme, le craquement des charpentes embrasées, le bruit sourd des toits qui s'effondrent, le crépitement des murs qui se lézardent, les cris plaintifs des enfants et des femmes, les imprécations des époux et des pères... voilà ce qu'il faudrait leur faire entendre pendant des heures, pendant des jours, pendant des années ; voilà ce qui devrait peupler leurs nuits sans sommeil !

Sur ces entrefaites, un certain nombre d'habitants avaient adressé à M. le Commandant de Place une supplique ainsi conçue :

Les soussignés,

Considérant : 1o Qu'après un bombardement de vingt heures à outrance, l'honneur de la garnison est sauf ;

2o Que continuer ce bombardement, c'est amonceler des ruines qui sont déjà trop importantes ;

Au nom de l'humanité, demandent à Monsieur le Commandant de Place de faire cesser le plus tôt possible le bombardement de la ville.

Péronne, 29 décembre 1870, 8 h. 1/2 du matin.

(Suivent les signatures.)

Cette supplique était accompagnée de la note suivante :

Transmis à M. le Commandant par le Maire de Péronne, avec prière de lui assigner un rendez-vous que le Maire désirerait voir choisir à la Place d'Armes.

Péronne, le 29 décembre, 11 heures.

Le Maire de Péronne,

FOURNIER.

Le feu se ralentit un peu.

Une grande partie des pièces des batteries de Halles se retirent vers Cléry ; celles du Mont-Saint-Quentin et vers le Mesnil-Bruntel continuent leur canonnade. La batterie du Mont-Saint-Quentin, cessant son feu chaque soir vers dix heures, est remplacée par une autre batterie cantonnée à Aizecourt-le-Haut qui renouvelait ses munitions fournies par La Fère.

La pièce de 12 rayée de l'artillerie mobile, près du jardin François, fait toujours merveille. Les Prussiens tirent sur elle avec une justesse remarquable. Le mur derrière lequel elle est établie est criblé de projectiles ; on n'en compte pas moins de treize dans un espace d'environ six mètres carrés dont la pièce occupe le centre. Le feu dirigé contre elle est tellement violent, que les servants sont obligés de s'y reprendre à plusieurs fois pour la charger.

Vers dix heures du matin, poussé par la curiosité, je m'avance jusqu'à la Couronne de Paris après avoir payé mon tribut d'admiration aux artilleurs mobiles de la pièce François. De l'extrémité du faubourg, on distingue parfaitement la manœuvre des artilleurs ennemis ; deux de leurs pièces se détachent et viennent s'établir dans les fonds du Petit-Flamicourt, à l'abri des oseraies et taillis croissant sur les bords de la Somme. De là, elles lancent sur les défenseurs du faubourg de Paris des obus à balles qui sifflent, éclatent et sèment en tous sens leurs nombreux projectiles.

Aucun des canons de la Place ne pouvait répondre à leurs coups. Un obusier de 12, sous le commandement du lieutenant Dermigny, de l'artillerie mobile, s'établit sur la route de Flandres, vers le pont-levis et parvient à déloger les pièces ennemies. Cet obusier ne fournit qu'un feu de peu de durée, car, monté comme tant d'autres sur un affût en bois vert, il se brise après quelques décharges.

C'est alors qu'on regretta amèrement de n'avoir pas mis en batterie une ou deux pièces pour contre-battre et prendre à revers les hauteurs de Flamicourt. Cela était élémentaire; encore cela ne se fit-il pas.

Il est onze heures de la matinée et, remontant vers la place, j'apprends qu'un clairon volontaire de la garde nationale sédentaire, le jeune Colombier, vient d'avoir une partie du nez emporté par un éclat d'obus au moment où il sonnait courageusement la générale.

J'apprends encore la catastrophe arrivée aux servants de la pièce de marine FANNY faisant partie de la batterie aux moulins Damay. Un obus parti des hauteurs de la Maisonnette, bien que tiré à feu plongeant, ricoche sur la crête de l'embrasure de la pièce blindée et casematée, éclate, tue un marin, Delpas, en blesse deux autres ainsi que deux canonniers auxiliaires des Mobiles de la Somme.

Les marins inhumèrent pieusement leur camarade au pied du *Mont de sainte Claire,* à côté de cette pièce qu'il aimait comme tout soldat aime son arme. De là, il pouvait encore tressaillir au bruit des détonations et des salves de l'artillerie. Quelques rameaux verts, une couronne de roses blanches enlaçant une simple croix de bois, furent les seuls ornements de cette tombe qui renferme un brave.

Sur la croix, on lisait l'inscription suivante écrite au crayon :

```
Mort
pour la
défense
de la France.
—
Ci-gît
DELPAS , marin de la 5ᵐᵉ Compagnie
du Bataillon de Brest.
—

29 Décembre
1870.
—
```

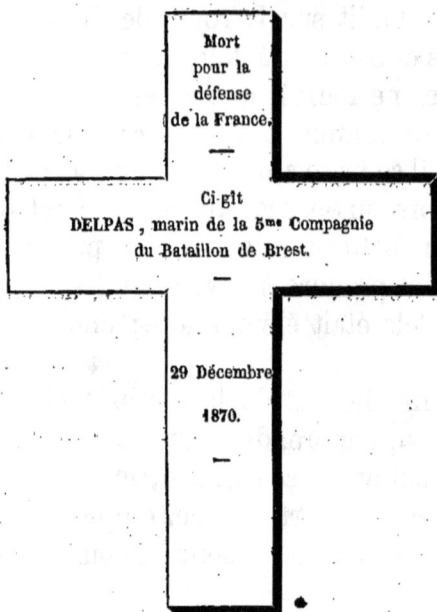

Cet homme, recouvert à peine par quelques par-
celles de terre, quel est-il?

D'où vient-il?

Sa famille : père, mère, femme, enfants peut-être,
savent-ils seulement où il repose?

Le sauront-ils jamais?

Grâce à l'initiative de quelques habitants et, notamment, de M. Lefevere qui le fit exécuter, un
monument composé de bombes et d'obus a été élevé
à la mémoire du marin dont la tombe est l'objet d'un
culte qui ne s'est pas un seul instant refroidi.

Voici, au sujet de cet événement, le rapport que
le capitaine Poitevin reçut, le 29 décembre, de son
lieutenant M. Marion :

« Vers onze heures du matin, un obus ayant éclaté sur

le bord de l'embrasure de la pièce de marine du bastion du Moulin, a tué Delpas, matelot; — Bourdenec a le bras cassé; — Charles et Desloges, matelots, blessés grièvement au bras; — Charre et Thieulard, mobiles auxiliaires, tous deux blessés, l'un au poignet, l'autre à l'épaule.

» Lors de l'explosion, les dix servants furent jetés à bas. Le chef de la pièce, brave sergent appelé Jacquin, se releva le premier et, voyant tous ses hommes étendus à côté de leur pièce, s'écria : « Voyons, garçons, debout! *Que ceux qui ne sont pas morts se relèvent!* »

» Ils se firent panser dans une maison voisine et revinrent servir leur pièce avec le désir de venger leur camarade qu'ils avaient enseveli sur le bastion même. »

Le feu se ralentit de plus en plus. L'effroyable canonnade à laquelle s'est livré l'ennemi a-t-elle épuisé ses munitions? Faidherbe manœuvrerait-il pour nous dégager? Faut-il craindre encore? Faut-il espérer?

Deux nouveaux incendies s'allument cependant, vers deux heures et demie, au couvent des Clarisses, qui n'est qu'en partie endommagé, et à la maison occupée par Chrétien Véret, menuisier, qui est réduite en cendres.

Vers trois heures du soir, un détachement de l'armée assiégeante passe à Ham avec vingt-cinq voitures réquisitionnées. Il se rend à La Fère pour en ramener des munitions et du matériel de siége.

Le reste de la journée se passe dans l'inquiétude.

Les caves regorgent de monde et les casemates sont pleines.

La nuit est calme. L'ennemi tire par intervalles et d'une façon moins persistante que la nuit précédente.

CHAPITRE XVI

Vendredi 30 Décembre

Les batteries prussiennes entretiennent mollement leur tir. On rencontre, à travers les rues, un plus grand nombre d'habitants allant aux provisions et surtout aux boulangeries qui, on doit le dire à la louange de leurs propriétaires, n'ont pas cessé de fonctionner pendant tout le bombardement. Une grande partie des boucheries, et notamment celle de M. Hilaire Blériot, fonctionnait également.

Au milieu des places publiques, sur les remparts, circulent des troupeaux de vaches qu'on a chassées des étables. De courageux citoyens les arrêtent pour traire leur lait et le porter aux femmes et aux petits enfants des casemates. Une de ces vaches était entretenue à cet effet dans les fossés du Château où elle mourut de froid et d'épuisement. La pauvre bête, faute d'aliments, léchait la neige pour trouver dessous quelques brins d'herbe.

Le long des remparts et des talus, sous les voûtes et derrière les moindres abris, les soldats de la garnison font la soupe sur des fourneaux improvisés. L'un d'eux, mobile d'Abbeville, du nom de Dufétel, soignait pieusement sa marmite aux environs de la poterne 26 ; tout heureux, il vantait à ses camarades le bon flair de son œuvre culinaire quand un obus arrive, éclate, renverse fourneau, marmite, espoir d'un bon dîner. Dufétel et les siens en sont quittes pour la peur.

Le répit que l'ennemi semblait donner à la population, s'il avait fait naître bien des espérances, avait aussi fait naître bien des craintes. L'assiégeant qui avait, pendant les deux premiers jours du bombardement, fait une consommation inouïe de munitions, allait-il en recevoir de nouvelles avec tout un matériel de siége ? Cette fois, Péronne serait-elle anéantie ?

Telle était l'impression générale sous laquelle la Commission municipale prit la délibération suivante :

» L'an mil huit cent soixante-dix, le 30 décembre, dix » heures du matin,

» La Commission,

» Considérant que la population de Péronne a virilement » supporté le bombardement depuis le 28 décembre, à deux » heures de relevée, jusqu'à l'heure présente, attendant de » l'armée du Nord un secours qu'il est maintenant impos-» sible d'espérer ;

» Considérant que le ralentissement du bombardement » n'avait d'autre raison que l'attente de nouvelles munitions » qui sont déjà arrivées à l'ennemi ;

» Considérant que l'armée prussienne s'attaque exclusi-» vement à la population civile sur laquelle retombent tous » les désastres du siége ;

» Que les femmes, les enfants, les vieillards, victimes » inoffensives du bombardement, ne peuvent plus long-» temps en supporter les horreurs ;

» Que, dans ces circonstances, l'honneur militaire est
» sauf et que les faibles auxquels on s'attaque ne peuvent
» que céder à la force, en protestant devant l'Europe et
» devant l'Histoire contre les procédés d'un ennemi dont
» les premiers points de mire ont été non les remparts,
» mais l'Eglise et l'Hôpital couverts par les drapeaux de la
» Convention de Genève ;

» Demande instamment à M. le Commandant de Place
» de ne pas prolonger inutilement le bombardement de la
» ville de Péronne.

» Ont signé :

    MM. FOURNIER, Président ;
        O. GONNET, Vice-Président ;
        CADOT fils,
        ANDRÉ,
        CORDIER,   } Membres.
        DEVILLERS-BARLOY,
        DAUDRÉ,

A la suite de cette délibération, figurent les signatures de deux cent soixante-deux habitants de la ville.

Cette délibération remise, M. le Commandant de Place réunit le Conseil de défense qui décide qu'il n'y a pas lieu de la prendre en considération et qu'il faut attendre les événements.

Cette décision agite la population péronnaise ; dans les casemates, on s'émeut ; des groupes se forment ; des murmures éclatent ; on sent que la patience s'émousse. La grande voûte du Château, sous laquelle se trouve la casemate du Commandant de Place, est encombrée par de nombreuses personnes dont quelques-unes s'oublient jusqu'à crier : « La capitulation ! A mort le Commandant ! »

Un brigadier d'artillerie mobile, France, conduisant des projectiles à la pièce du Château, est arrêté par la foule qui ne veut plus que l'on tire. Impuissant à en triompher, il saisit un obus, le soulève au-dessus de sa tête et menace de le faire éclater si on ne lui donne passage. La foule s'écarte, le brigadier passe.

Devenu commandant de compagnie, par suite de la démission de mon capitaine, je prends la garde à midi avec mes deux sous-lieutenants Lacouronne et Vermond et un certain nombre d'hommes de la 2me, dont c'est le tour; je dispose mes factionnaires le long de la place sur laquelle étaient entassées pêle-mêle les dépouilles des malheureux incendiés. C'était pour nos gardes nationaux un poste dangereux et difficile, sans abri contre le froid et les projectiles.

La journée est relativement calme; mais le soir, vers sept heures, le feu se déclare dans les maisons Cisternes et Lebrun, qui sont bientôt la proie des flammes. Déjà la charpente de la maison Maréchal s'enflammait quand plusieurs citoyens dévoués s'élancent dans les combles, armés de seaux et de haches, et se rendent maîtres du fléau. A leur tête, je remarque le sergent Stoll, dont le dévouement n'a pas un seul instant failli pendant treize jours et treize nuits, le caporal Gaudefroy que nous verrons partout où il y a une action courageuse à accomplir, les gardes nationaux Capet, Émile Gaudefroy de la 2me, Trépant, Fontaine de la 1re, Daudré, membre de la commission municipale, Pouleur et Gourdin père, pompiers, ce dernier volontaire âgé de près de 70 ans, dont la conduite pendant tout le bombardement est digne des plus grands éloges.

En dehors d'un certain nombre d'hommes établis

en permanence au poste de la place et à l'Hôtel de Ville, le commandant Cadot avait créé, dans la ville, divers postes fixes où des gardes nationaux en permanence veillaient aux incendies.

Il y en avait d'établis rue Saint-Sauveur, chez le Commandant lui-même, rue Saint-Fursy, à la petite entrée du Tribunal, rue du Collége, ce dernier sous la direction du sergent Houdon. Ces postes rendirent de véritables services et, à plusieurs reprises, j'ai pu voir moi-même, au poste du Tribunal, MM. Wanègue, Routier, Bélédin, Dufour se dévouer pour éteindre le feu.

Le commandant Cadot, la veille encore Capitaine de la 3me compagnie de la garde nationale sédentaire, venait d'être investi de son nouveau grade dont il s'est montré digne à tous égards. Dévouement, sang-froid, courage, énergie, rien en lui n'a fait défaut pour justifier l'honneur auquel il avait été appelé.

J'ai déjà dit qu'un certain nombre d'hommes de la garnison s'étaient livrés à des vols nombreux dans les maisons abandonnées ou incendiées. Je vais raconter le plus odieux de ces vols :

Il était neuf heures et demie du soir; la lune brillait. Je venais de quitter le corps-de-garde de la place afin de m'assurer que mes factionnaires étaient à leur poste. Le garde Ancelin, Henri, placé en sentinelle auprès de la rue Saint-Jean, me reconnaît et, m'appelant à demi-voix : « Lieutenant, depuis plus d'un quart-d'heure, des soldats du 43me vont et viennent de la cave de M. Ballue à la rue Saint-Jean. J'ai demandé des explications et l'un d'eux, vêtu d'une capote de sergent-major, m'a dit que

9

c'était une corvée commandée pour sauver le vin et le porter à la caserne. Depuis un instant, la corvée paraît terminée et cependant je suis sûr qu'il reste encore cinq hommes dans la cave. »

Doucement, sans bruit, au milieu des décombres fumantes, je m'avance, j'écoute. Rien. Tirant mon sabre, je descends quelques degrés de la cave et somme les voleurs d'avoir à se rendre. Rien encore. Craignant une attaque de ces cinq hommes, Ancelin m'engage à la prudence. Je remonte ; pris d'une inspiration soudaine, je saisis le fusil du factionnaire et, feignant d'avoir sous mes ordres un peloton armé, je commande : Préparez vos armes !

En même temps, je fais jouer à plusieurs reprises le chien du fusil, qui n'était même pas chargé, et enjoins, à haute voix, de faire feu à mon commandement.

Nouvelle sommation.

Cette fois, une voix tremblotante articule quelques mots du fond de la cave, une lueur incertaine scintille. Sous peine de se voir fusillés, j'intime l'ordre aux voleurs de ne se présenter qu'un à un. Pendant ce temps, Ancelin avait appelé la garde ; elle arrive, le caporal Gaudefroy en tête, accompagné de M. Lefèvere, et je leur remets les cinq hommes que j'avais successivement arrêtés et saisis au collet. La prise en valait la peine.

Un franc-tireur, requis de nous prêter main forte, s'y refuse. Il est conduit au poste à coups de crosse de fusil dans les reins.

Deux de nos voleurs sur cinq ont pu s'évader. Arrivés au poste de la Place, honnis, vilipendés comme ils le méritaient, le colonel Gonnet les fait immédiatement fouiller. Couverts d'argent, timbales, bijoux, parures de noce et diamants, linge fin, mouchoirs de batiste, chemises et bas de femme, ils ont sur eux tout ce qu'ils ont pu prendre. On les enferme au violon et toute la nuit se passe au milieu d'injures contre nous.

Parmi les objets volés, se trouvait un portefeuille contenant un assez grand nombre de valeurs; on le retrouve heureusement, le lendemain matin, sur le trottoir, côté Est de la grande place, au milieu de la neige. L'un des voleurs, sans doute, l'avait perdu ou abandonné en fuyant.

Pour l'honneur du brave 43ᵐᵉ de ligne où j'ai connu tant de bons et loyaux officiers, je me hâte de dire que nos voleurs n'en portaient que le numéro. C'étaient des échappés de Metz et de Sedan, maraudeurs ou fuyards, dont deux sortaient du 98ᵐᵉ de ligne et de la première compagnie de remonte.

A peine l'émotion de cette arrestation était-elle passée qu'une émotion d'un autre genre, grandiose et terrible à la fois, se préparait pour nous.

Dès les premières heures du bombardement, la tour Saint-Jean avait été le point de mire des batteries prussiennes placées autour de Péronne, du côté de Halles surtout. Aussi, la pauvre tour était-elle criblée, trouée, ébréchée en vingt endroits à la fois. Malgré les attaques furibondes dirigées contre elle, malgré les coups réitérés de l'ennemi, elle se tenait ferme, inébranlable, narguant le Prussien et décidée à ne tomber qu'avec le dernier pan de mur de nos maisons. Sa charpente était intacte et tout laissait espérer que nous pourrions conserver entière cette relique sainte de la ville, cette vieille compagne

de notre vie qui avait, tour à tour, sonné nos douleurs et nos joies.

Espérance trompeuse!

Entre onze heures et minuit, une lueur rouge et
sinistre circule tout à coup, comme un feu follet,
autour du cadran de l'horloge. En une minute, la
flamme pétille, éclate, s'élance, léchant les murs,
attaquant les auvents, carbonisant les bois, chauffant
le bronze des cloches qui semblent, au sein de cette
tour transformée en fournaise, pousser des gémis-
sements sourds et métalliques. Par les ouvertures
béantes, par les fissures étroites, le feu se précipite
comme un fleuve de lave fuyant le lit qui le retient
prisonnier. La toiture légère qui recouvre la tour
s'écroule avec fracas; la lourde croix de fer qui la
domine, chauffée à blanc, s'incline et tombe penchée
sur la galerie supérieure; des gerbes de flamme
s'élancent vers le ciel comme pour crier : Vengeance ! et retombent en cascades d'étincelles mul-
ticolores dont la lueur se projette au loin sur les
toits couverts de neige et jusque sur les batteries
ennemies.

Tableau grandiose dont le souvenir ne peut jamais
disparaître !

De nouveaux incendies, allumés par celui de la
tour, vont-ils éclater ?

La charpente une fois consumée, les cloches, au
nombre de sept et ne pesant pas moins de neuf mille
six cents kilogrammes, vont-elles, dans une chute
titanesque, tomber, ébranlant, secouant, renversant
la tour dont les débris iraient jeter la ruine et la
désolation autour d'eux ?

L'une de ces cloches, fondue en 1398, la *Ban-*

cloque, était célèbre. « Elle est, dit M. Vallois dans son ouvrage sur les cloches de Péronne, la plus vieille du département de la Somme. Quoiqu'il en soit de son antiquité respectable, elle est bien autrement intéressante par les souvenirs qui s'y rattachent. C'est l'histoire de la ville toute entière qu'elle a célébrée par ses joyeux accents. Non-seulement elle a sonné le réveil de la vie municipale aux oreilles péronnaises, mais elle renferme encore dans ses flancs la vieille cloche du beffroi de la ville. Elle a retenti lors de l'entrevue mémorable de Louis XI et de Charles le Téméraire et pendant le siége de 1536. C'est elle enfin qui saluait la première tous ces souverains, ministres ou ambassadeurs que Péronne avait le privilége de voir traverser ses murs avant que le sifflet de la locomotive ne vînt entraîner d'un autre côté le courant de la circulation. Dieu veuille que dans la bonne ville de Péronne, si fière à juste titre de son antique renommée, on ne songe jamais à livrer au creuset une cloche aussi intéressante. Elle a été comme l'âme d'un beffroi à jamais regretté, et née en même temps que ce monument, elle a vécu de sa vie toute entière. »

Mais le Prussien a passé par là et la vieille *Bancloque* s'en est allée où, comme le dit le poète,

> .... S'en va toute chose:
> Et la feuille de rose
> Et la feuille de laurier.

Le moment est solennel.

Autour de l'Église, rue Saint-Jean, place du Marché-aux-Herbes, bien des êtres vivants sont enfermés dans leurs caves qui pourraient se transformer en tombeaux.

Que faire ?

Sur l'ordre du colonel Gonnet qui, pendant tout le siége, n'a pas quitté d'une heure le poste de la place, quelques gardes nationaux, au péril de leur vie, frappent aux portes et préviennent les habitants à travers les soupiraux des caves hermétiquement fermées.

Mes sous-lieutenants Lacouronne et Vermond au zèle desquels je me plais à rendre hommage, le sergent Stoll, les frères Gaudefroy, MM. Amazan Gonnet père et fils, Arcanger, toujours prêt, toujours dévoué, Ancelin, Dumcige, Pouleur, Gourdin père, se distinguent entre beaucoup. Pendant ce temps, j'accompagne un jeune clairon à qui je fais sonner la générale.

C'est à ce moment que s'opère le sauvetage de M. Turquet, curé-doyen de Péronne.

Ingratitude, égoïsme des hommes ! ce digne vieillard, estimé, aimé de tous, était seul dans sa cave avec un de ses voisins, M. Frais, qui n'avait pas voulu l'abandonner et qui, depuis, est mort comme lui.

Affaibli par l'âge, impotent par suite d'un terrible accident, le vénérable prêtre était couché, priant, implorant Dieu pour ses malheureux paroissiens.

En quête du danger, à la recherche de voleurs qu'ils soupçonnaient être dans l'église, MM. Fontaine, tanneur, et le caporal Gaudefroy aperçoivent une lueur incertaine à travers un des soupiraux du presbytère. Inquiets, ils approchent. Y avait-il là un être vivant exposé à la mort pendant que, tout auprès, la tour menace ruine ? Ils appellent ; une voix souterraine leur répond. Éclairés par l'incendie, ils descendent et trouvent l'abbé Turquet et son dévoué voisin calmes, tranquilles, ne se doutant pas du danger qui plane sur leurs têtes. De ce ton de bonhomie paternelle que, tous, nous lui connaissions, le doyen reconnaissant M. Fontaine qui veut l'emmener lui dit simplement :

« Merci, mon enfant. Que la volonté de Dieu soit faite ! »

Beaucoup par persuasion, un peu par force, nos concitoyens le soulèvent de son lit, l'habillent au plus vite, l'enlèvent jusques au haut de la cave et le portent plutôt qu'ils le conduisent chez l'un d'eux, M. Fontaine. Il y passe la nuit, entouré de la plus vive sollicitude et, le lendemain, on le transfère dans les caves de M. de Claybrooke où il reste pendant tout le bombardement.

CHAPITRE XVII

Les Casemates

Le système de guerre prussien, qui consiste surtout à s'emparer des villes fortes en jetant la terreur dans la population civile, rend plus indispensable que jamais l'installation de casemates destinées à la mettre à l'abri du feu de l'ennemi.

Péronne en compte un grand nombre : casemates 33, vers les Grands Moulins ; — 26, sur la face ouest des fortifications et parallèles à la rue Mollerue ; — du Château ; — du quartier Saint-Sauveur. Pour mémoire, il y a également lieu de citer les vieux caveaux de l'Hôtel de Ville qui donnèrent asile à un grand nombre d'habitants.

Grâce au manque de prévoyance que j'ai déjà signalé, aucune d'elles, au moment de l'ouverture des hostilités, n'était en mesure de satisfaire aux exigences de la situation. Elles étaient, pour la plupart, encombrées des matériaux du Génie, dans un état complet d'insalubrité et plus capables de faire des morts que de sauver des vivants.

De toutes les casemates, celles du Château, généralement vastes et sèches, auraient pu rendre d'immenses services à la condition d'être convenablement disposées. Un système raisonné de ventilation, des lits de camp pouvant recevoir des paillasses et des matelas, un service organisé d'infirmerie, des marmites installées pour l'alimentation... voilà ce qu'il fallait !

Au lieu de cela, une atmosphère viciée, méphytique ; des banquettes, de mauvaises banquettes en bois où l'on ne pouvait qu'incommodément s'asseoir ; des hommes, des jeunes gens valides le brassard de Genève au bras et distribuant des soins souvent douteux au lieu d'aller aux incendies ; quelques bribes de viande et de bouillon... voilà ce qu'il y avait !

Que l'on songe maintenant au martyre des malheureux enfermés, pendant treize jours et treize nuits, dans cet antre de la mort. Qu'on se les représente assis, toujours assis, courbés, ployés, brisés, les jambes horriblement enflées et cherchant en vain un sommeil qui, venu, n'était pour eux qu'une fatigue de plus.

Ne parlons pas des hommes. Il y en a eu malheureusement beaucoup qui ont failli à leur devoir d'hommes...

Mais pensons aux femmes ; pensons aux enfants, aux vieillards ! Que de souffrances intimes ! que de cris déchirants ! que de plaintes amères !

Il n'est pas de phrases pour ces douleurs forcées qu'on n'avait même pas songé à adoucir par les précautions les plus élémentaires...

Dans la nuit du 30 au 31, je fis, avec M. Arcanger, de la 2me compagnie, une ronde dans les postes et sur les remparts. Un sentiment de sympathique curiosité nous poussa dans les casemates. Il était trois heures du matin. La population, triste, silencieuse, se résignait devant le devoir à accomplir.

Huit jours après, à la même heure, je recommençai la même visite. A la poterne 26, je rencontrai M. Fournier, maire provisoire, portant des consolations à ses malheureux concitoyens. Cette fois, le tableau était affreux, déchirant! Dix jours et dix nuits passés dans l'insomnie, la crainte et la terreur, au milieu d'un air empesté, des cris des enfants, du râle des mourants, avaient abattu les âmes les plus fortes, ébranlé les cœurs les plus courageux. En serrant la main de ces malheureux qui se tendaient vers vous, il fallait, malgré soi, essuyer une larme furtive.

— « L'armée de secours qu'on nous avait promise ne viendra plus maintenant. Qu'on nous laisse sortir! »

— « Le canon de Faidherbe est muet depuis quatre jours. Qu'on nous rende la liberté! »

— « Mon fils se meurt! Ma fille est mourante! Pitié! pitié! »

— « Nous mourrons tous ici! Qu'on nous laisse au moins le droit de décider de notre sort, puisque c'est nous que l'on attaque! »

— « Ceux qui nous laissent ainsi périr sont sûrement abrités, chaudement vêtus, bien nourris. Qu'ils prennent, à leur tour, notre place! »

Telles étaient les plaintes, mêlées à mille récriminations rendues souvent injustes par la douleur, qui se répétaient d'un bout des casemates à l'autre. C'était à fendre le cœur!

Les casemates 26, 33, du Château, Saint-Sauveur, j'ai tout vu, tout visité et partout, le dixième jour, j'ai rencontré la démoralisation, la maladie, la folie, la mort !

Les tableaux les plus navrants s'offraient aux yeux et l'on sortait de ce gouffre infernal en se demandant si l'on n'avait pas été la proie d'un épouvantable cauchemar.

Ici, deux femmes, deux mères, en viennent aux mains, se disputant quelques pieds de terrain pour y coucher leurs jeunes enfants.

Là, un citoyen dont la maison vient d'être incendiée s'adresse, les yeux hagards, à ceux qui l'entourent et, ricanant, s'écrie : « J'ai tout perdu ! mais une consolation me reste : j'ai encore mon chapeau ! »

Au Château, dans une sorte de cuisine sombre, étroite, malsaine, un homme dévoué, M. Descourt, prépare nuit et jour le bouillon des malheureux reclus. Vingt personnes, transies par le froid, grouillent autour de son fourneau et, au milieu d'elles, un prêtre, l'abbé Caussin, meurt presque seul, abandonné. Je l'ai vu emporter à la caserne qui servait d'hôpital ; c'était presque un cadavre.

Dans la dernière casemate se trouvaient les Clarisses et les Religieuses de Notre-Dame.

Ordinairement cloîtrées, les Clarisses avaient vu leur asile incendié dès les premiers jours du bombardement et, sous la conduite de leur respectable et courageux aumônier, elles étaient venues au Château. Là, elles priaient. Tous les matins, on célébrait le sacrifice de la messe dans leur casemate et j'affirme que la voix du prêtre, souvent interrompue par le fracas de l'artillerie, retentissait profonde au cœur des fidèles. Dans les suprêmes dangers, l'homme se souvient toujours de Dieu.

Mais pourquoi aller aux casemates ?

Pourquoi, suivant les conseils de M. le Commandant du Génie, n'être pas resté chez soi pour éteindre les bombes assez bien apprises pour ne pas éclater ?

J'ai déjà répondu à cette observation et n'y reviens plus.

Je ne veux pas clore ce chapitre sans rendre hommage au zèle et au dévouement de MM. Bloüet père et Lecat qui, trop peu valides pour aller aux incendies, ont rendu de véritables services aux casemates du Château en qualité d'infirmiers volontaires.

J'ajoute que l'aspect de ces casemates était encore rendu plus affreux par la vue de nombreux cercueils préparés pour les morts et exposés impitoyablement, dans la cour même du Château, aux regards des vivants.

Ce triste spectacle rappelait la terrible inscription de l'Enfer du Dante : *Lasciate ogni esperanza !*

CHAPITRE XVIII

Samedi 31 Décembre

La matinée est calme. A de rares intervalles, l'ennemi tire pour indiquer qu'il est toujours là.

Notre artillerie ne reste pas inactive ; coup pour coup, elle répond aux pièces prussiennes.

Des nuages de fumée sortent de la tour Saint-Jean comme d'une immense fournaise. Le métal fondu des cloches, sous les formes les plus singulières, se retrouve au milieu des décombres.

L'incendie, sourd, étouffé, couve encore dans les caves des maisons de la place. Le propriétaire de l'une d'elles supplie le commandant du secteur de lui donner secours afin de sauver une partie au moins de ses marchandises enfermées dans l'une de ces caves. On parvient difficilement à organiser des chaînes qui vont puiser l'eau dans la rue des Juifs ; des piquets de gardes nationaux requièrent aux casemates les hommes valides pour composer ces chaînes. Mais, après une heure de travail assidu, énergique, il faut bien reconnaître que tout secours est inutile. Deux pompes inondent sans relâche les caves incendiées ; le remède est pire que le mal, car dès que l'air y pénètre, le feu se ravive. Le plus sage est de les boucher hermétiquement ; c'est ce qu'on fait.

La température, jusqu'alors glaciale, se radoucit ; le ciel clair et brillant prend des teintes sombres et foncées ; c'est comme une espèce de dégel qui fond une partie de la neige amoncelée sur les places et dans les rues de la ville.

Dès le matin, le chef du détachement du 43me adresse son rapport à M. le Commandant de Place sur les vols de la nuit.

De son côté, le lieutenant de vaisseau Poitevin en adresse un sur deux marins, L...... et F......., dont l'un avait soustrait des liquides dans un cabaret et l'autre n'avait pas paru à son poste le premier jour du bombardement.

En même temps, un mobile du Pas-de-Calais, F......., accusé de différents vols chez l'habitant, est écroué à la maison d'arrêt.

Un conseil de guerre et un conseil de révision sont institués par l'ordre suivant :

Nous, Commandant de la Place de Péronne,
Vu
L'état de siége et la Place étant attaquée ;
La loi de 1857 sur le code de justice militaire ;
Attendu que les moyens disciplinaires de répression étant insuffisants en raison de la gravité des circonstances, il y a nécessité d'instituer un conseil de guerre et un conseil de révision ;
Attendu l'insuffisance d'officiers du grade requis ;
Instituons, comme suit, le conseil de guerre et le conseil de révision et nommons pour en faire partie, savoir :

CONSEIL DE GUERRE

Le Commandant DE BONNAULT . . . Président.

Capitaine DE MARNE
Capitaine DOUAY
Lieutenant DUBOIS
Lieutenant DUPUIS . . . . *Juges.*
Sous-Lieutenant HOUDART
Sergent-Major DELOMEL
Lieutenant CARABY . . . . *Commissaire.*
Charles LARTISIEN. . . . . *Greffier.*

Les membres du conseil de guerre appartenaient, savoir :

Le Commandant de Bonnault, à l'Artillerie de l'armée ;

Le Capitaine de Marne, aux Mobiles du Pas-de-Calais ;

Le Capitaine Douay, à la Garde nationale sédentaire ;

Le Lieutenant Dupuis, id.

Le Lieutenant Dubois, aux Mobiles du Pas-de-Calais ;

Le Sous-Lieutenant Houdart, aux Mobilisés ;

Le Sergent-Major Delomel, id.

Le Lieutenant Caraby, à la Garde nationale sédentaire ;

Et le Greffier Lartisien, à la Garde nationale sédentaire.

CONSEIL DE RÉVISION

Le Colonel GONNET . . . . *Président.*
MM. PEYRE
MARTIN
DIEPPE . . . . *Juges.*
LENAIN
Capitaine Léon DEHAUSSY . . . . . . *Commissaire.*
MAUPPIN. . . . . *Greffier.*

Les membres du conseil de révision appartenaient, savoir :

Le Colonel Gonnet, aux Mobilisés ;

Le Commandant Peyre, au Génie ;

M. Martin, percepteur à Péronne, ex-capitaine au 67me, chevalier de la Légion d'honneur, avait dû d'être appelé au conseil de révision au dévouement qu'il a montré avant le siége en aidant le conseil de défense de son expérience et en acceptant le grade de major dans la 3me légion des Mobilisés où il rendit de véritables services ;

Le Capitaine Dieppe, à la Garde nationale sédentaire ;

Le Capitaine Lenain, aux Mobiles du Pas-de-Calais ;

Le Capitaine Léon Dehaussy, à l'Artillerie mobile;

M. Mauppin, à la Garde nationale sédentaire.

A onze heures, je me rends avec M. Lartisien, greffier du Conseil, au premier étage de la maison d'arrêt pour procéder à l'instruction. Le lieu n'était ni chaud, ni commode, les projectiles ennemis ayant abimé l'édifice et le menaçant encore à cause de sa proximité de l'arsenal dont le toit surélevé dominait tous les autres. M. Lartisien, de ma compagnie, homme calme et résolu, qui avait fait la campagne d'Italie, me persuade que nous sommes parfaitement installés ; je finis par le croire. S'installer mieux était, au surplus, difficile, car les caves et les salles basses de la prison regorgeaient de monde. Hommes, femmes, enfants, détenus s'y trouvaient pêle-mêle et il a fallu tout le zèle et toute l'énergie du gardien-chef, M. Crampon, pour maintenir l'ordre et la discipline au milieu de gens dont la vie était, à chaque instant, menacée par les obus ennemis, car la canonnade ne cessa complétement qu'à partir de midi.

Extraits du poste de la place où ils étaient gardés à vue, les trois voleurs du 43ᵐᵉ furent conduits à la maison d'arrêt par une escorte de gardes nationaux. Les autres prévenus étaient déjà écroués.

Il n'est pas inutile de donner ici le résumé de leurs interrogatoires :

Interrogatoire de D........

L'an mil huit cent soixante-dix, le trente-et-un décembre, en la Chambre d'instruction de la maison d'arrêt de Péronne ;

Nous, Achille Caraby, lieutenant à la deuxième compagnie de la garde nationale sédentaire de la ville de Péronne, commissaire de la République près le conseil de guerre institué dans la Place de Péronne, en état de siége, nommé à cette fonction par décision de M. le Commandant de la Place de Péronne, assisté de Charles Lartisien, greffier nommé près ledit conseil par la même décision, avons procédé comme suit à l'interrogatoire du ci-après nommé :

D. — Quels sont vos nom, prénoms, âge, date et lieu de naissance, profession et domicile ?

R. — D........, François, âgé de 20 ans, né le 30 janvier 1850, à Cormatin (Saône-et-Loire), cultivateur, fusilier incorporé au 43ᵐᵉ de ligne, en garnison à Péronne, autrefois au 98ᵐᵉ de ligne, domicilié avant mon entrée au service à Mâcon.

D. — Que faisiez-vous hier soir, vers 9 heures 1/2, dans la cave d'une maison incendiée située près de l'église et appartenant à M. Ballue ?

R. — C'est sur l'ordre du caporal Ispa qui a commandé une corvée dans la chambrée que je suis allé dans cette

10

cave pour y chercher du vin. J'en avais deux bouteilles ; une dans chaque poche.

D. — Si vous alliez chercher du vin , pourquoi avez-vous pris une certaine quantité de linge consistant notamment en mouchoirs de poche, torchons et bas de femme ?

R. — Je ne reconnais avoir pris que deux mouchoirs , parce que je n'en avais pas. Je n'ai pris ni bas, ni chaussons , ni torchons.

D. — Votre accusation contre le caporal est excessivement grave ; affirmez-vous de nouveau que le caporal ait ordonné une corvée ?

R. — Oui ; il a même dit que le vin était à lui.

D. — Legris, Jacquot et Paret étaient-ils avec vous ?

R. — Non.

D. — Pourquoi avez-vous été insolent envers la gendarmerie et la force armée ?

R. — J'étais un peu bu.

D. — Avez-vous déjà été condamné ?

R. — Oui, j'ai été condamné à être renfermé dans une maison de correction jusqu'à 18 ans.

D. — De quels membres se compose votre famille ?

R. — J'ai mon père , ma mère , trois frères et quatre sœurs.

D. — Vous êtes accusé d'avoir soustrait des objets mobiliers et du vin dans une maison incendiée et abandonnée ?

R. — J'en ai beaucoup de regret.

Interrogatoire de S.....

D. — Quels sont vos nom , prénoms , âge, date et lieu de naissance , profession et domicile ?

R. — S....., Henri-Jean-Baptiste , âgé de 24 ans, né le 18 juin 1846, à Villers-sous-Chalamont (Doubs), étudiant et fusilier au 43me de ligne en garnison à Péronne , ex-brigadier-fourrier à la 1re compagnie de remonte, domicilié avant mon entrée au service à Villers-sous-Chalamont.

D. — Que faisiez-vous, hier soir, vers neuf heures et demie, dans la cave d'une maison incendiée située près de l'église et appartenant à M. Ballue ?

R — J'étais couché à la caserne quand des camarades m'ont fait boire du vin qu'ils avaient dans un panier. Ils m'ont dit qu'on pouvait en avoir chez un propriétaire qui ne demandait pas mieux que d'en donner. Je suis allé dans cette cave où j'ai bu dans un verre qu'on a trouvé cassé dans ma poche. J'ai bu aussi à même d'un carafon de liqueur. En buvant, j'ai trouvé là du linge et quelque chose que j'ai pris pour des chaussettes. Il y avait aussi trois petites cuillères en argent que j'ai prises également.

D. — Que vouliez-vous faire de ces objets ?

R. — J'espérais me servir des chaussettes parce que je n'en ai pas ; des autres objets je voulais m'entortiller le cou avec pour aller sur les remparts ; quant aux trois cuillères en argent, je ne puis dire quelle intention j'avais ; du reste, j'étais pris de boisson.

D. — En commettant cette mauvaise action avez-vous obéi à un ordre ?

R. — Il y avait là un caporal, nommé Ispa, qui commandait la corvée, mais je ne me suis pas autrement préoccupé de ses ordres parce qu'il me paraissait ivre.

D. — Pourquoi n'avez-vous pas répondu aux premières sommations qui vous ont été faites du haut de la cave ?

R. — Je me suis présenté quand j'ai entendu le commandement : Apprêtez armes !

D. — Pourquoi avez-vous été aussi insolent vis-à-vis de la gendarmerie et de la force armée ?

R. — J'étais ivre ; je regrette d'avoir causé un dommage à un homme que je ne connais même pas ; je regrette aussi vivement d'avoir été insolent vis-à-vis de la gendarmerie et de la force armée ; je suis désolé pour ma famille de ce qui m'arrive.

D. — Vous êtes accusé d'avoir volé des objets mobiliers dans une maison incendiée et abandonnée ?

R. — J'en ai un profond regret et je vois trop malheureusement que c'est vrai.

Interrogatoire de V....

D. — Quels sont vos nom, prénoms, âge, date et lieu de de naissance, votre profession et votre domicile?

R. — V......, Louis - François - Xavier, âgé de 26 ans, né le 6 juin 1844 à Montdragon (Vaucluse), boulanger et fusilier incorporé au 43me de ligne, en garnison à Péronne, domicilié avant mon entrée au service à Montdragon.

D. — Que faisiez-vous, hier soir, vers neuf heures et demie, dans la cave d'une maison incendiée située près de l'Église et appartenant à M. Ballue?

R. — J'étais là sous les ordres du caporal Ispa du 43me qui nous avait donné l'ordre de prendre du vin dans des paniers et de l'emporter au casernement. Voyant que les camarades *chapardaient*, j'ai pris ce qu'on a trouvé sur moi pour le sauver et le rapporter à mon lieutenant.

D. — Savez-vous quels objets vous avez emportés?

R. — Je sais qu'il y avait une montre et une cuillère à verre d'eau à sucre.

D. — Dans quoi se trouvaient ces objets?

R. — Dans une boîte en bois assez grande. Quand j'ai vu que les autres en prenaient, j'ai saisi une petite boîte en carton bleu contenant un certain nombre de bijoux que je ne pourrais pas désigner.

D. — Combien êtes-vous entrés d'hommes dans cette cave?

R. — Environ quarante hommes, presque toute la compagnie. Il y avait aussi des mobiles et des mobilisés.

D. — Combien étiez-vous d'hommes dans la cave quand on vous a arrêté?

R. — On ne m'a pas arrêté dans la cave, et je ne sais pas au moment de l'arrestation combien il y en avait dedans.

D. — Vous ne vous êtes pas borné à prendre cette boîte de bijoux, vous avez pris d'autres objets?

R. — Je reconnais également avoir pris deux mouchoirs, un bonnet de coton, deux timbales en argent.

D. — Avez-vous pris du vin?

R. — Je n'en avais pas sur moi, les autres l'ont enlevé dans des paniers.

D. — Qui avait prêté ces paniers ?

R. — Ce sont des paniers appartenant à la compagnie que le caporal Ispa a envoyé chercher dans le casernement par des hommes de corvée.

D. — Vous prétendez donc toujours que le caporal Ispa, par sa seule autorité, a pu entraîner quarante hommes à commettre une pareille action ?

R. — Oui.

D. — Pourquoi, aux sommations qui vous ont été faites de déclarer s'il y avait du monde dans la cave, n'avez-vous répondu que sur la menace de faire feu sur vous ?

R. — J'ai cru entendre un coup de pistolet et c'est alors que j'ai éteint la chandelle. Auparavant, entendant du bruit, j'ai dit : Est-ce toi, Levêque ?

D. — Pourquoi vous sauviez-vous lorsqu'on vous a arrêté ?

R. — Je ne me suis pas sauvé.

D. — Qui vous a autorisé à porter un costume civil ?

R. — C'est la Place.

D. — Vous persistez à dire que vous aviez l'intention de remettre à votre lieutenant les objets en votre possession ?

R. — Oui.

D. — Avez-vous déjà été condamné ?

R. — Non, jamais.

D. — Comprenez-vous qu'en agissant comme vous l'avez fait, vous avez commis une action indigne de l'uniforme français, surtout dans les tristes circonstances où elle a eu lieu ?

R. — Je n'ai obéi qu'à un ordre.

D. — Vous êtes accusé d'avoir volé des objets mobiliers et des bijoux dans une maison incendiée et appartenant à un propriétaire malheureux qui ne pouvait défendre sa propriété ?

R. — C'est à faux.

D. — On a trouvé sur vous un tricot en laine tout neuf, où l'avez-vous eu ?

R. — Il m'a été donné au quartier par un homme dont je ne sais pas le nom.

D. — Dans une grande boîte d'argenterie, il manquait dix fourchettes, savez-vous ce qu'elles sont devenues ?

R. — Non.

D. — Est-ce que Levêque a coopéré à la mauvaise action que vous avez commise ?

R. — Je l'ai vu prendre du vin comme les autres.

Les déclarations des prévenus étaient graves pour le caporal Ispa et nécessitaient sa comparution. Je le fis venir ; des réponses qu'il me fit, des renseignements que je recueillis, je dus conclure qu'il était de bonne foi et ne devait pas être inquiété.

Interrogatoire de F.....

D. — Quels sont vos nom, prénoms, âge, date et lieu de naissance, profession et domicile ?

R. — F......, Joseph-Isidore, âgé de 24 ans, né à Ecoust-Saint-Mein, canton de Croisilles, le 7 novembre 1846, garde mobile à la 1re compagnie du 2me bataillon du Pas-de-Calais, en garnison à Péronne, domestique, demeurant à Compiègne, marié sans enfant.

D. — D'où vous provient le réveille-matin trouvé sur vous et que je vous représente ?

R. — Je l'ai trouvé abandonné sur la voie publique et je l'ai ramassé.

D. — Pourquoi l'avez-vous conservé ?

R. — Dans l'intention de le rendre à celui qui l'aurait réclamé ; du reste je l'ai montré à plusieurs personnes et notamment au propriétaire d'une maison dont j'ai déménagé les meubles dans la rue Saint-Jean, mais dont j'ignore le nom.

D. — Vous êtes accusé d'avoir retenu frauduleusement un objet trouvé?

R. — Je l'aurais rendu à la personne qui l'aurait réclamé.

A cause de l'heure avancée, la continuation de l'instruction, en ce qui concernait F....... et les marins, fut remise au lendemain. Quant aux trois soldats du 43me, leurs aveux, on le voit, ont été complets. Ils devaient l'être; nier n'était pas possible en présence de celui qui les avait arrêtés.

A midi, une sortie a lieu pour reconnaître les positions ennemies du côté de Halles, lesquelles sont invisibles pour l'assiégeant. Elle se compose de quatre compagnies des Mobiles du Pas-de-Calais : la 2me, capitaine Fichet; la 4me, capitaine Rebout, avec 20 hommes du 43me et un sous-lieutenant; la 5me, capitaine Lenain. Le capitaine de Marne, avec sa compagnie, se tient en réserve.

La 4me tient le centre et la 5me l'aile gauche; elles sortent par la porte Saint-Nicolas pour se porter, celle du centre, à l'abri du bois du Quinconce, vers le châlet Marchandise, celle de gauche doit faire un mouvement tournant par Sainte-Radegonde et Maismont. La 2me, sortie par la porte de Bretagne, doit également faire un mouvement tournant vers Mont-Saint-Quentin et par un chemin creux. Ensemble et à un signal convenu, ces trois compagnies doivent converger vers le châlet et le faire évacuer.

A peine le centre a-t-il atteint la dernière haie du Quinconce qu'il est reçu à 200 mètres par une fusillade nourrie partie du châlet dont les murs ont été crénelés par les Prussiens. La petite expédition, —

cela paraît élémentaire, — aurait dû être soutenue au moins par une pièce de canon sûrement dissimulée et établie derrière les haies près du calvaire, en face de la grange François. Il n'y avait pas de canon et les Mobiles, accueillis comme je viens de le dire, pouvaient difficilement avancer. Le sous-lieutenant du 43ᵐᵉ veut marcher quand même et prendre d'assaut la position. C'était peut-être bien imprudent pour un douteux résultat. Un mouvement de retraite s'effectue au centre; les ailes se replient en même temps et nos troupes rentrent en ville comme elles en sont sorties, avec quelques cartouches de moins et un homme blessé. — Dans le châlet Marchandise, un capitaine du 69ᵐᵉ prussien a le bras cassé; un de ses hommes a le visage gravement contusionné. On les évacue sur Albert.

A peine les quatre compagnies du Pas-de-Calais ont-elles repris leurs postes dans leurs secteurs respectifs que des éclaireurs prussiens, en assez grand nombre, envahissent le bois du Quinconce et ses environs et viennent faire une démonstration à peu de distance des remparts. Le maréchal-des-logis Teinturier, qui commandait alors l'obusier 22 du Château, le fait charger à mitraille, pointe et ordonne le feu. Un prussien est tué, plusieurs sont blessés; le reste se replie vers les fonds de Halles et le châlet.

Entre temps, une sortie, utile celle-là, a lieu par la porte de Paris pour escorter un convoi de charbons tirés des magasins de la Chapelette; elle n'est pas inquiétée.

Le temps s'est radouci; l'ennemi ne tire plus. Le docteur André visite les casemates, rassure, réconforte les malheureux qui y sont renfermés. Beaucoup d'entr'eux se décident à sortir et à respirer enfin. Dans tous les quartiers de la ville, c'est une promenade triste, désolée au milieu des décombres et des ruines fumantes. Ceux que le feu de l'ennemi n'a pas épargnés pleurent sur leurs maisons détruites; ceux qui y ont échappé se disent tristement : Demain ce sera notre tour. Partout c'est la désolation.

Dans l'après-midi, l'obusier de 22 du Château, par suite d'une charge exagérée, est renversé; il gît immobile au pied du talus intérieur. On le remplace le lendemain par un canon obusier de 12 à âme lisse.

A Ham, un fort convoi d'artillerie, venant de La Fère, passe à destination de Péronne.

Vers onze heures du soir, 150 hommes de toutes armes font une reconnaissance vers le Quinconce, sous la direction de M. Lefevere; on ne signale rien de nouveau.

Pendant la nuit, vers le Nord et vers Villers, on entend incessamment des bruits sourds et comme des roulements de voitures. Sans nul doute, c'est l'armée prussienne qui marche sur Bapaume.

D'après des documents prussiens, il y avait autour de Péronne pendant le premier bombardement, c'est-à-dire jusqu'au 31 décembre, sous les ordres du général baron de Senden, remplacé le 1er janvier par le général von Barnekow, les troupes suivantes :

10 Bataillons,

8 Escadrons,

54 Pièces de campagne rayées de 6 et de 4, avec d'autres pièces de même calibre en réserve et un petit train de siége improvisé.

Ces forces se reliaient à d'autres convergeant vers Péronne sous les ordres du général Kümmer ayant avec lui :

12 Bataillons,

16 Escadrons (division de cavalerie von den Greuben),

30 Canons.

En outre, entre Combles et la Somme, se trouvait von Gœben avec :

5 Bataillons,

12 Escadrons,

6 Batteries.

Ces renseignements extraits du *Journal officiel militaire* de Berlin correspondent assez exactement avec les chiffres que nous avons donnés au chapitre XIII, chiffres qui ont été relevés sur les lieux par l'auteur de l'*Invasion en Picardie,* M. G. Ramon, (VINDEX).

CHAPITRE XIX

Dimanche 1ᵉʳ Janvier 1871

Accalmie complète. L'ennemi a suspendu son tir.

Le dégel de la veille a cessé ; le soleil se lève radieux et la journée s'annonce belle et éclatante.

Le docteur André continue, autant qu'il le peut, à faire évacuer les casemates. Une foule nombreuse, mais triste et morne, circule à travers les ruines fumantes de notre malheureuse cité. On s'aborde comme avec crainte, on redoute d'apprendre le résultat des terribles événements qui ont fondu sur nous.

Affligeant contraste !

Ce premier jour de l'année où, d'habitude, chacun revêt ses habits de fête, où l'on se visite, échangeant les vœux et les souhaits les plus prospères, a perdu son aspect de bonheur et de joie.

Quels souhaits, quels vœux former ?

Les plus abattus réclament toujours la capitulation.

Les plus énergiques attendent toujours Faidherbe et essaient encore, à l'aide de ce nom plein de prestige, de soutenir les courages chancelants. Rude besogne ! Faidherbe, notre espoir, n'est pas venu. Faidherbe ne viendra pas !

Dans la matinée, je continue à la maison d'arrêt l'instruction criminelle commencée la veille.

Second interrogatoire de F.......

D. — Quels sont vos nom, prénoms, âge, profession et domicile ?

R. — F......., Joseph-Isidore, âgé de 24 ans, garde mobile à la 1re compagnie du 2me bataillon du Pas-de-Calais.

D. — N'avez-vous pas été trouvé nanti de vêtements qui ne vous appartenaient pas ?

R. — Je quittais les remparts ; mon veston était en lambeaux, j'ai trouvé, dans un tas de décombres provenant d'un incendie, une veste et un paletot. Deux civils m'ont dit : Vous pouvez bien les prendre parce qu'ils vont être brûlés. Je m'en emparai alors, et je m'en suis revêtu, mais mon intention était de les rendre.

D. — Si ces vêtements étaient sur le point de brûler, comme vous le prétendez, vous pouviez les mettre de côté et ne pas vous en emparer comme vous l'avez fait ?

R. — Je n'étais presque plus vêtu. Je me suis habillé avec et je les aurais rendus aussitôt qu'on m'aurait délivré un veston.

D. — A quelle heure avez-vous pris ces objets ?

R. — Vers deux heures de l'après-midi.

D. — Vous êtes accusé d'avoir soustrait frauduleusement des objets mobiliers au préjudice d'autrui ?

R. — Je ne les ai pas pris dans l'intention de les voler. Je regrette beaucoup ce que j'ai fait.

Interrogatoire de L.......

D. — Quels sont vos nom, prénoms, âge, date et lieu de naissance, profession et domicile ?

R. — L......., Eugène-Pascal, âgé de 35 ans, né à Darnettal (Seine-Inférieure), le . . . . . . , journalier, canonnier-marin à la 5ᵐᵉ compagnie du 1ᵉʳ bataillon, port de Brest, actuellement en garnison à Péronne, domicilié à Rouen ; — marié sans enfant ; non condamné.

D. — N'avez-vous pas pénétré, par la fenêtre, dans un cabaret de la place où vous auriez soustrait un bocal de cerises ?

R. — Je suis entré par la porte qui était ouverte, il était à peu près midi, j'ai pris sur le comptoir deux bouteilles pleines, je ne peux dire de quel liquide, et je les ai emportées sous mon bras ; il n'y avait personne dans la maison. J'étais ivre, et je portais ces bouteilles à mes camarades de la poudrière. J'avais été régalé par quelques personnes.

D. — Vous êtes accusé d'avoir soustrait frauduleusement des liqueurs au préjudice d'autrui ?

R. — J'étais soûl et je ne me rendais pas compte de ce que je faisais.

D. — Avez-vous déjà été condamné ?

R. — Non. J'ai fait les campagnes de Bomarsund, de Crimée et d'Italie, et j'ai toujours rempli mon devoir.

Comme on le voit, les faits les plus graves étaient à la charge des voleurs de la cave Ballue.

A midi, l'ennemi continuant à ne plus tirer et n'étant pas, du reste, signalé aux abords de la Place, M. le Commandant autorise la sortie des femmes, des enfants et des citoyens incapables de porter les armes par les portes de Paris, Saint-Nicolas et de Bretagne. Quelques personnes profitent de cette autorisation et parviennent à se réfugier dans les villages environnants. Les Prussiens semblent fermer l'œil sur ces sorties du côté des portes de Paris et Saint-Nicolas, mais les empêchent complétement du côté de la porte de Bretagne.

Vers une heure, M. le commandant Garnier et M. le colonel Gonnet visitent les fortifications.

Au moment où ils arrivent à la couronne de Bretagne, deux obus partis du côté du Mesnil, vers le
moulin de Doingt, sifflent au-dessus d'eux. Leurs
uniformes les ont sans doute trahis et les deux coups
ont dû être tirés par les pièces de campagne qui,
pendant le siége, sont restées cantonnées au Mesnil-
Bruntel.

Les troupes de la garnison, les marins et les artilleurs surtout, qui sont sur les dents, prennent un
peu de repos.

Dans la soirée, un grand nombre de fourgons passent à Ham, venant de Péronne, se dirigeant vers
La Fère, tandis que 700 Allemands la traversent pour
venir à Péronne.

La journée finit comme elle a commencé, calme,
splendide. Un grand nombre d'habitants, enhardis
par le silence de l'ennemi, passent chez eux une
nuit de répit pendant laquelle les soldats qui veillent
aux remparts entendent encore des bruits sourds et
lointains, comme des roulements de voitures se dirigeant vers le Nord.

Le 1er janvier, les troupes d'investissement sous
Barnekow comprenaient :

       10 Bataillons,
        8 Escadrons,
        9 Batteries,
        2 Compagnies de pionniers,

ainsi décomposés :

Huitième corps: 29me de ligne, — 2 bataillons
du 69me, — 5me batterie légère, — 5me batterie *lourde,*
— une division d'artillerie à pied.

Troisième division de réserve: 19me de ligne,
— 1er et 3me bataillons du 81me.

Brigade de cavalerie légère de la garde, de Straans : 1er régiment de dragons de réserve, — 3me hussards de réserve à quatre escadrons de 125 hommes par régiment, — 3me batterie de réserve du 5me corps d'armée.

Ces forces étaient réparties de la façon suivante :

Rive droite de la Somme, au nord de la route de Péronne à Roisel :

    1er Bataillon du 29me,

    2me Bataillon du 69me,

    2 Escadrons du 1er dragons de réserve,

    5me Batterie *lourde,*

    3me Division d'artillerie à pied.

Total : 3 bataillons, 2 escadrons et 5 batteries.

Au sud de la route de Roisel :

    2 Bataillons du 19me,

    1er et 3me Bataillons du 81me,

    3me Hussards,

    3 Batteries de la 3me division de réserve.

Total : 4 bataillons, 4 escadrons, 3 batteries.

Rive gauche de la Somme :

    1er Bataillon du 19me,

    2me et 3me Bataillons du 29me,

    2 Escadrons du 1er dragons de réserve,

    5me Batterie légère du 8me corps.

Total : 3 bataillons, 2 escadrons, 1 batterie.

SECOND

BOMBARDEMENT

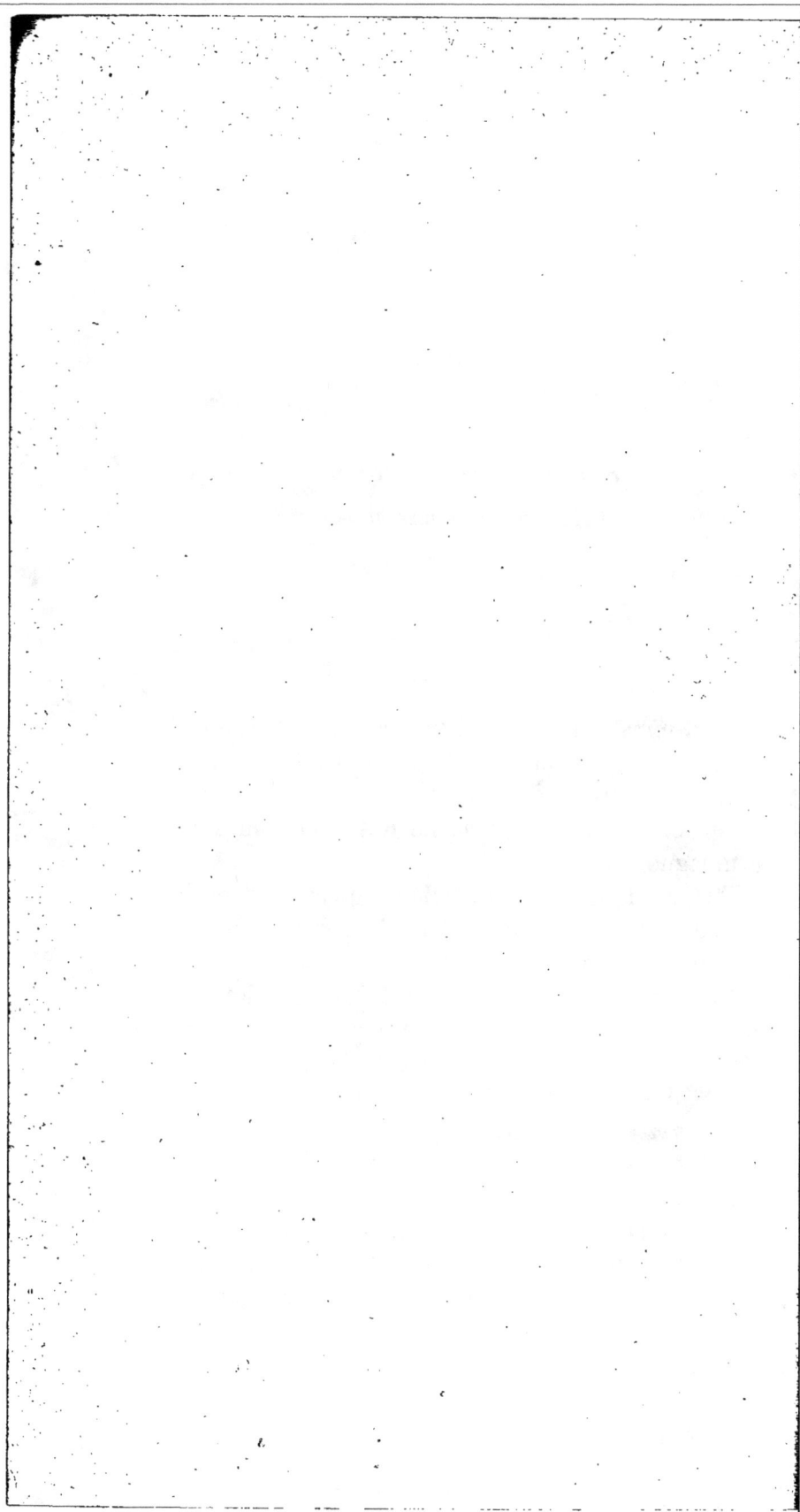

CHAPITRE XX

Positions et cantonnements de l'Armée allemande, sous Péronne, pendant le second bombardement

HERBÉCOURT

2 Janvier. — Le 4me de ligne, chargé des grand'-gardes, rentre à Herbécourt que quitte le 5me escadron du 1er dragons, capitaine von Stegen, bientôt remplacé par une compagnie des télégraphes de campagne.

Un grand bivac est installé jusqu'au 4 dans la plaine entre Herbécourt et Becquincourt; un convoi de munitions en fait partie.

3 Janvier. — Arrivée du 28me de ligne, major von Brandit, de la 6me compagnie du 65me, du 3me bataillon du 68me, d'une batterie du 8me d'artillerie, capitaine Glisler, retour de Bapaume.

4 Janvier. — Séjour.

5 Janvier. — Arrivée des 7me et 8me compagnies du bataillon de fusiliers du 62me de ligne.

6 Janvier. — Même situation.

7 Janvier. — Le prince Albert de Prusse et son état-major passent dans la commune se rendant au quartier-général de von Gœben établi depuis le 4 à Dompierre.

8 et 9 Janvier.—Herbécourt est occupé par la 3me compagnie du 81me.

10 Janvier. — Évacuation du village par cette compagnie.

HEM ET FEUILLÈRES

Du 4 au 6 janvier.— 1,700 hommes du 81me de ligne.

9 et 10 janvier. — Les Allemands brûlent et font sauter quatre ponts.

CLÉRY

Pendant tout le siége, cette commune est occupée par les 4me, 29me et 44me de ligne, 8me d'artillerie et 7me ulhans.

HALLES

Cette commune, depuis le 30 décembre 1871 jusqu'au 9 janvier à dix heures du matin, est occupée par un bataillon du 29me de ligne dont 300 hommes entrent le lendemain dans Péronne.

ALLAINES

4 Janvier. — Passage d'une forte division Allemande avec une grande quantité de caissons, de matériel de guerre et d'ambulance. Le 69me de ligne pille le Mont-Saint-Quentin et, notamment, la cave de M. Gaudechon qui ne contenait pas moins de 1,500 bouteilles de vin. Chose honteuse! il est presque certain que le secret de cette cave, qui avait été parfaitement dissimulée, a été vendu aux Prussiens.

Au Mont-Saint-Quentin, les grand'gardes étaient fournies par les 29me, 44me et 69me de ligne.

MOISLAINS

1er Janvier. — Dans la soirée, 800 hommes de toutes armes arrivent à Moislains; ils en repartent le lendemain pour rentrer à Bouchavesnes d'où ils venaient.

3 Janvier. — 3,000 hommes de toutes armes traversent cette commune se dirigeant sur Bapaume.

4 Janvier. — Ces 3,000 hommes rentrent à Moislains en désordre.

Du 6 au 8 janvier. — Un escadron de hussards y tient ses cantonnements.

AIZECOURT-LE-HAUT

Aizecourt-le-Haut est occupé, jusqu'à la capitulation, par le bataillon des fusiliers du 69me qui y est arrivé le 29. Suivant une version accréditée dans le pays, une grande partie des hommes de ce bataillon étaient des sujets russes.

Pendant le même temps, l'état-major et le train du 1er dragons de réserve y résident.

2 Janvier. — Le quartier-général établi à Aizecourt-le-Haut est transporté à Boucly.

3 Janvier. — Arrivée de nouvelles troupes et établissement d'un camp de réserve vers le Nord d'Aizecourt-le-Haut. Le nombre des hommes qui le composent est estimé à six mille. En outre, des ambulances y sont installées.

BUSSU

Pendant toute la durée du bombardement, occupation de Bussu par des détachements des 29me, 69me, 7me ulhans, 4me dragons, 9me hussards et 8me d'artillerie.

DRIENCOURT

2 et 3 Janvier. — Détachements du 69me de ligne, du 8me d'artillerie et du 1er dragons de réserve. Une colonne de 8,000 hommes environ traverse cette commune venant de Tincourt et se dirigeant vers le Nord.

4, 5 et 6 Janvier. — Un bataillon du 29me. — Le 6, des pièces démontées passent allant vers Tincourt. — Venaient-elles de Péronne ou de Bapaume ?

TEMPLEUX-LA-FOSSE

Pendant le bombardement, Templeux est gardé par des détachements des 29me, 44me, 69me et 8me d'artillerie.

TINCOURT-BOUCLY

Le 19me de ligne occupe cette commune depuis le premier jour du bombardement jusqu'au dernier.

DOINGT-FLAMICOURT

Jusqu'au 7 janvier, occupation par les 81me et 19me de ligne, (ce dernier campé vers Bussu) et 1 batterie d'artillerie.

Au moment du combat de Bapaume, il ne s'y trouvait plus que deux compagnies du 81me et un faible détachement d'artillerie.

Du 7 au 10 Janvier. — 40me de ligne et une section d'artillerie.

MONS-EN-CHAUSSÉE

4 Janvier. — On y remarque le passage de quatre grosses pièces de canon prussiennes attelées chacune de huit chevaux venant de Saint-Quentin à destination de Péronne.

ATHIES

Des détachements du 19ᵐᵉ et du 35ᵐᵉ s'y tiennent jusqu'au 10 janvier.

MESNIL-BRUNTEL

Occupé, pendant tout le bombardement, par des détachements des 29ᵐᵉ, 40ᵐᵉ, 81ᵐᵉ et 4 escadrons du 8ᵐᵉ hussards.

Du 1ᵉʳ au 3 janvier, deux grosses batteries d'artillerie de réserve sont cantonnées dans la plaine entre Mesnil et Athies.

BRIE

2 Janvier. — Six mille Allemands y séjournent ; on remarque les 33ᵐᵉ de ligne, 8ᵐᵉ d'artillerie et 18ᵐᵉ lanciers. Un poste assez considérable est établi à Pont-lès-Brie. Pendant le bombardement, des canons démontés passent à Brie ; six d'entr'eux sont parqués sur la place.

VILLERS-CARBONNEL

Des détachements des 1ᵉʳ, 8ᵐᵉ, 11ᵐᵉ d'artillerie, 19ᵐᵉ, 29ᵐᵉ et 81ᵐᵉ de ligne avec quelques escadrons du 6ᵐᵉ dragons bleus y sont en permanence.

4 Janvier. — Des munitions et des pièces d'artillerie de gros calibre qu'on voit également à Saint-

Christ passent venant de La Fère et Amiens pour Péronne.

C'est à Villers, dans l'ancien magasin à charbons de M. Vermond, que l'ennemi charge les bombes destinées à incendier la ville.

ÉTERPIGNY

Mille hommes environ des 19me, 29me, 81me et 8me d'artillerie.

BIACHES

Du 1er au 6 Janvier. — Un bataillon du 29me de ligne avec 25 dragons. Un bataillon du 33me de ligne avec 30 hussards. Ce dernier part le 6.

5 Janvier. — Une pièce prussienne est démontée, au bas du calvaire, par le feu de la Place.

Du 7 au 10 Janvier. — Un bataillon du 29me.

Dans cet intervalle, le quartier-général de von Gœben loge chez le curé. Deux artilleurs ennemis sont enterrés dans le potager de la Maisonnette ; d'autres morts ou blessés sont évacués sur Dompierre où l'on voit également passer des canons démontés.

FLAUCOURT

Du 1er au 4 Janvier. — Établissement d'ambulances.

Du 4 au 6 Janvier. — Une compagnie du 33me et un détachement du 8me d'artillerie.

Du 7 au 9 Janvier. — Trois compagnies du 19me et une batterie d'artillerie, commandant Rosenthal.

CARTIGNY

Moyenne d'occupation : 2,500 hommes.

2 Janvier. — Le général von Barnekow, commandant en chef l'armée d'investissement, transporte son quartier-général de Tincourt-Boucly à Cartigny.

Le général de Straans, avec sa cavalerie, loge au Câtelet.

———

CHAPITRE XXI

Lundi 2 Janvier

La nuit s'était passée calme, paisible. Pas un coup de canon. Les habitants avaient pu goûter quelque repos. Malheureusement, ce calme était précurseur d'une affreuse tempête.

En effet, à huit heures trois quarts du matin, on entend le sifflement de quelques obus; c'est le prélude du second bombardement.

Cette fois, on s'aperçoit bien vite que les projectiles de l'ennemi sont de plus fort calibre. Ils sont lancés par des pièces exclusivement françaises, extraites de La Fère et d'Amiens. Au contraire de ce qui eut lieu dans la première période du bombardement, elles sont établies sur un seul point des hauteurs qui dominent la ville, au Sud et au Sud-Ouest, vers la Maisonnette et Biaches.

La position de ces pièces ne paraît pas fixée d'une manière bien certaine.

D'après les notes de M. le Commandant Cadot, elles auraient été disposées comme suit :

1° *Deux* sur le chemin de Péronne à Barleux, au pied d'un arbre indiqué sur la carte de l'état-major ;

2° Une batterie de *six* pièces de 12 rayées sur le

sommet du plateau de la Maisonnette, entre le chemin de Barleux et la Maisonnette. Des plates-formes
en déblai et blindées étaient pratiquées en dedans et
le long de la haie qui ferme cette propriété ;

3° *Deux* pièces sur le chemin creux en pente qui
descend vers la route de Péronne à Albert, à la bor-
dure du petit bois de la Maisonnette. Plates-formes
en déblai et embrasures percées dans la haie ;

4° *Deux* obusiers ou mortiers de 22, cachés dans
un repli de terrain, au milieu du bois de la Maisonnette, vers la maison du garde ;

5° *Deux* pièces de 22, obusiers ou mortiers, en
haut du talus de la route de Péronne à Albert, en
face de la maison Léguillier ou du Calvaire ;

6° *Deux* pièces semblables, en face des précédentes, dans un chemin creux conduisant du Calvaire
ou de la maison Léguillier au canal.

Total : 16 pièces de 12 et de 22.

Par la note manuscrite et originale que je tiens
du capitaine von Spilner, note déjà citée, il est
constant que le second bombardement a eu lieu
avec 22 pièces françaises de 24, de 12 et mortiers.

D'après les notes de M. Cadot, six pièces auraient
été mises en réserve et celles de 24 n'auraient pas
fonctionné.

A l'exception de deux pièces placées sur le chemin de Péronne à Barleux, au pied d'un arbre
indiqué sur la carte de l'état-major et qui, selon
moi, n'ont pas été installées, les positions relevées
par M. Cadot sont exactement celles que j'ai relevées moi-même. Seulement, nous différons d'avis
sur le calibre des pièces.

Voici, selon moi, ces positions et le calibre, en
suivant l'ordre adopté plus haut :

Six pièces rayées de 12, sur le plateau de la Maisonnette, vers le chemin de Barleux, à l'abri des haies. Ces pièces, établies sur des plates-formes, étaient tout-à-fait invisibles pour l'assiégé et réglaient leur tir à l'aide de perches surmontées de torches de paille qu'on apercevait encore dans la plaine deux jours après le bombardement. Bien qu'il fût presque impossible au canon de la Place de les attaquer utilement, l'une d'elles fut cependant démontée ; aussi, n'en rentra-t-il que cinq en ville après la capitulation.

1° *Deux* pièces de 12 ou 24, dans le chemin creux qui, du haut de la Maisonnette, descend vers le canal. Elles étaient établies sur plates-formes en déblai avec embrasures pratiquées dans la haie qui les abritait. Le feu de ces deux pièces était visible pour l'assiégé, mais leur situation les rendait très-difficiles à atteindre.

2° *Deux* mortiers de 22, placés dans une sorte de trou, à quelques pas dans le bois vers le chemin creux signalé plus haut et la maison du garde. Complétement invisibles.

3° *Deux* pièces de 12 ou de 24 rayées au-dessus du talus de la route de Péronne à Albert, presqu'en face du Calvaire ou de la maison Léguillier. Ces pièces établies sur plates-formes et blindées pouvaient, ainsi que celles ci-après, être aperçues de la Place. Aussi furent-elles couvertes de projectiles.

4° *Deux* mortiers de 22 en face des précédentes, au bas du Calvaire ou de la maison Léguillier, dans un chemin vert bordé d'arbres conduisant au canal. Ces mortiers furent criblés de projectiles et l'un d'eux fut démonté. Les artilleurs qui les servaient se sauvaient après les avoir tirés et ne revenaient que lorsque le feu de la Place avait répondu et qu'ils croyaient le danger passé.

Total : 14 pièces de 12, de 22 et de 24.

Réserve : 8 pièces.

La position de quelques projectiles dans les murs avoisinant la porte de Paris et dans les piliers même de cette porte ne peuvent permettre de penser qu'ils ont été lancés par les pièces dénommées plus haut. C'est sans doute cette circonstance qui a déterminé M. Cadot à en placer deux à l'arbre figurant à la carte d'état-major, sur la route de Barleux, d'autant que des emplacements y avaient été préparés. Son erreur s'explique donc ; mais ces pièces, qui n'ont tiré que quelques coups, avaient été établies au *Petit Frêne,* sur le petit chemin conduisant de la Chapelette à l'ancien Arbre de Barleux, au-delà et à gauche de la Maisonnette.

Entre neuf heures et demie et dix heures moins un quart, la batterie de campagne en permanence au Mesnil-Bruntel s'avance vers les fonds de Flamicourt et tire sur la ville. La manœuvre du 29 décembre est renouvelée avec succès par le lieutenant Panien de l'artillerie mobile qui, avec un obusier de 16, s'établit franchement à découvert sur la route de Flandre, vers les magasins à charbons, prend la batterie à revers et réussit à faire cesser son feu.

A ce moment, le poste de la place se retrouve au grand complet. J'y retrouve MM. Gonnet, Cadot, Douay, Dieppe, Vermond, Lacouronne, Dupuis, Frindel, Stoll, les deux Gaudefroy, Ancelin Henri, son frère, Dumeige, Hochard, Fernet, menuisier, Fernet, chapelier, Gonnet Amazan père et fils,

Gourdin père et fils, Démoulin, Pouleur, Chocu et d'autres dont les noms m'échappent.

A cette nomenclature, je dois ajouter celui de M. Paul Marchandise qui, voisin du poste, s'est toujours mis à la disposition du commandant du secteur. Je ne dois pas, non plus, oublier le nom de M. Donis, portier-consigne, décoré de la médaille militaire, qui s'est distingué par un zèle infatigable, une énergie rare et qui, avant comme pendant la défense de la ville, s'est multiplié, donnant l'exemple du dévouement et du sang-froid et risquant vingt fois sa vie pour l'accomplissement du devoir.

Le 30 décembre 1870, le conseil de défense avait pris la résolution de tenter, à la première occasion, une nouvelle démarche auprès de l'état-major général prussien, afin d'obtenir de lui la permission de laisser sortir de la Place les vieillards, les enfants et les femmes. Déjà pareille demande avait été rejetée; cependant, on espérait que l'ennemi se départirait enfin de sa cruauté et de sa barbarie. En conséquence, il fut décidé que trois parlementaires quitteraient la ville pour adresser au général en chef ennemi un dernier et chaleureux appel en faveur de l'évacuation des personnes incapables de porter les armes, pour régler l'heure et le mode d'évacuation.

Les citoyens de bonne volonté, qui acceptèrent cette mission tout à la fois délicate et périlleuse, sont Messieurs :

Cadot, commandant de la garde nationale sédentaire;

Gonnet, Oscar, membre de la commission municipale;

Friant, premier vicaire de Saint-Jean-Baptiste, de Péronne.

J'ai, dans un précédent chapitre, dit de M. Cadot tout le bien qu'il mérite. Je dois, ici, rappeler le dévouement et le sang-froid dont MM. Gonnet et Friant ont toujours fait preuve avant et pendant le bombardement.

Pour prévenir l'ennemi d'avoir à cesser son feu et permettre aux parlementaires de sortir avec moins de danger, il fallut placer un drapeau blanc sur l'édifice le plus élevé de la ville, de façon à ce qu'il pût être facilement aperçu par l'ennemi. On songea tout naturellement à la tour Saint-Jean. Mais c'était là une entreprise dangereuse à tous les points de vue. En effet, on ne pouvait arriver au sommet qu'au milieu des décombres et des ruines, alors que l'ennemi n'avait pas cessé son tir.

M. O. Gonnet demande des hommes de bonne volonté pour cette mission difficile. Trois jeunes gens se présentent et l'accomplissent. Ce sont MM. Alfred Gosset, Delaporte fils (morts depuis) et Paul Boulant.

Du côté de l'assiégé, le feu a cessé.

Du côté de l'assiégeant, il continue.

Bien que le procès-verbal des parlementaires n'ait été officiellement rédigé que le 3 janvier, il est indispensable de le transcrire à la journée du 2; ce sera, en effet, le récit le plus fidèle et le plus émouvant de ce qui s'est passé.

Procès-verbal dressé par les Parlementaires péronnais du 2 janvier

Le bombardement de la ville de Péronne par l'armée prussienne ayant recommencé avec une nouvelle intensité le deux janvier mil huit cent soixante-et-onze, à huit heures trois quarts du matin, le Conseil de défense, réuni d'urgence, résolut d'envoyer des parlementaires à l'ennemi pour obtenir l'autorisation de faire sortir de la Place les vieillards, les malades, les femmes et les enfants, et désigna pour remplir cette mission MM. Louis Cadot, Chef de bataillon commandant la Garde nationale sédentaire, Oscar Gonnet, Vice-Président de la Commission municipale, et Friant, premier vicaire de la paroisse.

En conséquence, munis des pouvoirs de M. le Commandant de Place et d'une délégation de M. le Maire de Péronne, les soussignés ont fait les démarches qui sont constatées par le présent procès-verbal.

Partis de la Mairie à dix heures et demie du matin, ils ont dû, dans l'ignorance où ils étaient de l'endroit où était établi le quartier-général de l'armée assiégeante, se diriger sous le feu, vers les hauteurs de Barleux d'où paraissaient venir les projectiles.

Arrivés à onze heures et demie au haut de la première montée du chemin de Barleux, ils furent reçus par deux officiers prussiens, dont l'un était un officier supérieur commandant le détachement.

Après avoir examiné les pouvoirs des parlementaires, cet officier leur dit qu'il n'avait pas qualité pour traiter avec eux et qu'ils devaient s'adresser au général commandant en chef de l'armée assiégeante, dont le quartier-général devait se trouver à Doingt ou au Mesnil-Bruntel, ou à Cartigny.

Les soussignés lui répondirent qu'ils ne peuvent admettre qu'on les obligeât à perdre un temps précieux à chercher après le général prussien, qu'il était d'usage constant que les parlementaires, une fois reçus aux avant-postes, fussent conduits par l'ennemi lui-même auprès de celui qui a pouvoir de traiter avec eux. Et ils demandèrent : 1o qu'on les menât directement au quartier-général ; 2o que le feu fût suspendu jusqu'à l'entier accomplissement de leur mission.

Ils n'obtinrent à leur première demande qu'un refus formel, et à la seconde que la promesse dérisoire d'une suspension de tir de dix minutes, pour leur permettre de regagner les portes de la ville.

Cependant, après une vive insistance de leur part, il fut convenu que le feu cesserait pendant une heure.

Il était midi quand les soussignés reprirent le chemin de Péronne, qu'ils traversèrent dans toute sa longueur en se dirigeant vers Doingt.

Ils furent arrêtés un peu avant la maison de M. Forget et conduits les yeux bandés dans une maison du village, où ils attendirent pendant une heure, après laquelle on les fit monter dans une charrette pour les conduire sous escorte au quartier-général à Tincourt (10 kilomètres de Péronne).

Ils n'arrivèrent qu'à quatre heures et demie et éprouvèrent la plus pénible émotion en entendant le canon que le bruit de la charrette les avait empêchés de percevoir pendant le trajet.

Deux officiers se présentèrent et après avoir pris connaissance de l'objet de la démarche des parlementaires, leur dirent que le général était absent pour une heure ou deux, mais qu'on pouvait présumer avec certitude que sa réponse serait négative et qu'il était inutile de l'attendre.

Les soussignés demandèrent une réponse écrite qui leur fut refusée. Ils insistèrent pour remplir leur mission auprès d'un chef ayant pouvoir de traiter, et déclarèrent que leur devoir était d'attendre.

On leur permit seulement alors de descendre de la charrette et on les fit entrer dans la salle à manger du château de Boucly, où ils restèrent seuls pendant six quarts-d'heure, traités sans aucune courtoisie comme de véritables prisonniers, gardés par deux sentinelles qui les repoussaient brutalement dans l'appartement chaque fois qu'ils en ouvraient la porte. Enfin, à six heures, un officier vint dire

12

aux parlementaires que le général, dont il avait pris les ordres, opposait un refus absolu à toute proposition autre qu'une offre de capitulation. Il ajouta, sous forme de conversation, que le commandant de la forteresse avait tort de s'entêter dans sa résistance, qu'il devrait rendre la Place et qu'on lui accorderait les conditions de Sedan.

Les soussignés répondirent qu'ils n'avaient aucun pouvoir pour traiter de la capitulation, mais qu'il leur aurait paru convenable d'être admis à faire valoir auprès du général les considérations d'honneur et d'humanité qui militaient en faveur de leur demande ; que jusqu'à présent la population civile souffrait seule du siége, que l'incendie de l'Hôpital rendait intolérable la situation des malades, et qu'il ne pouvait entrer dans les vues d'un loyal ennemi de s'attaquer seulement aux femmes, aux enfants et aux malades, et d'incendier des hôpitaux et des églises au lieu de battre en brèche des murailles. Ils insistèrent de nouveau pour obtenir une réponse écrite qui pût servir de pièce à conviction devant l'histoire.

L'officier prussien leur dit qu'ils devaient se contenter d'une réponse verbale, et n'hésita pas à ajouter que les maux infligés à la population civile étaient pour l'armée assiégeante son principal moyen d'action, que d'ailleurs la France en déclarant la guerre était allée au-devant de tous les malheurs qu'elle subissait.

Les soussignés répliquèrent qu'ils ne croyaient pas de leur dignité d'engager une discussion avec un officier sans pouvoirs, et qu'ils n'avaient plus qu'à se retirer. Ils ne le firent pas toutefois sans avoir protesté contre la continuation du feu qui, malgré le drapeau blanc arboré sur la tour, n'avait cessé de se faire entendre pendant tout leur séjour à Tincourt-Boucly.

Les soussignés regagnèrent alors la ville de Péronne, où ils arrivèrent à neuf heures du soir, avec la douleur de ne rapporter à une population si malheureuse qu'une réponse décevante, et se rendirent directement à la Place pour faire connaître le résultat de leur mission.

Fait à Péronne, le trois janvier mil huit cent soixante-et-onze.

L. CADOT. — O. GONNET. — FRIANT.

Il ne faut pas oublier que, pendant tout le temps qu'a duré la mission des parlementaires, l'ennemi n'a pas cessé son feu au mépris des lois les plus élémentaires de la guerre entre nations civilisées.

Aussi, les accidents et les incendies causés par les projectiles ennemis se renouvellent-ils comme aux premiers jours du bombardement. Les coups répétés tombent sur nous avec moins de violence mais avec une régularité constante.

Dans la matinée, un cheval traînant des projectiles est tué sur le rempart, près du Château ; au risque de leur vie, un certain nombre de Mobiles vont dépecer l'animal dans la chair duquel ils se taillent, avec leurs couteaux et leurs sabres, d'appétissants beefteacks.

C'est ici le lieu de parler du courageux sang-froid avec lequel un artilleur mobile, du nom de Ricaux s'est acquitté de la périlleuse mission qui lui avait été confiée : celle de conduire de la poudre et des projectiles aux pièces des remparts. Son haquet, attelé d'une mule, passait imperturbablement au milieu des obus et de la mitraille, sans que le conducteur fît un mouvement ou jetât seulement un regard en arrière. A la hauteur de la maison d'arrêt, une bombe tombe près de son équipage qu'elle peut faire sauter. La bombe éclate ; la mule, étourdie par la détonation, s'arrête. Ricaux, calme, froid, le fouet en main, se contente de crier flegmatiquement : Hue, Marie ! et Marie, — c'est le nom de la mule, — continue son chemin.

Des récompenses ont été très justement accordées à quelques artilleurs mobiles; on doit regretter que Ricaux n'y ait pas participé.

A dix heures et demie, un cheval est tué dans l'écurie de M. Duriez, brasseur. — Les quatre autres sont sauvés par MM. Félix Gaudefroy et Arcanger et conduits, en lieu sûr, au faubourg de Bretagne, chez Hutin, aubergiste.

Vers onze heures, une bombe éclate au milieu d'un groupe de Mobiles réunis, près de la Sous-Préfecture, à la boucherie Blériot, pour une distribution de viande. La commotion les renverse tous ; cinq sont blessés et transportés à l'ambulance de la caserne ; un d'eux, Caussin, est tué.

A deux heures de l'après-midi, le feu prend aux maisons situées au haut de la côte de Saint-Fursy et habitées par MM. Lenicque-Hauet et Gabriac. Tout y est consumé.

L'incendie se propage à la suite dans les maisons occupées par M. Bécart et la veuve Soyer.

Rue des Vierges, la maison Léguillette est à son tour la proie des flammes et l'entrepôt des Tabacs, occupé par M. Piérin, n'est bientôt plus qu'un monceau de cendres. Un approvisionnement d'environ 70,000 francs y est consumé en quelques heures.

A quatre heures et demie, rue Mollerue, la maison Herbillon brûle et, vers le soir, rue Fournier, celles occupées par M. le sous-ingénieur des ponts-et-chaussées et la demoiselle Claudine sont détruites par le feu.

A cinq heures et demie, le feu se déclare chez la veuve Hochard, débitante, en même temps que dans les dépendances de la maison Choquet, impasse du Moulinet.

Dans la soirée, un mobile d'Abbeville, Depoilly, est tué, vers la poterne 26, au poste Bourbaki compris dans le 2ᵐᵉ secteur.

C'est peut-être, pour ne pas tarder davantage, le moment de dire que la ville assiégée avait été divisée en quatre secteurs :

1° *Secteur du Faubourg de Paris*, sous le commandement du capitaine Morris, depuis les avancées jusqu'à la poterne 26. Troupes : Mobiles du Pas-de-Calais, artillerie mobile, artillerie de marine des moulins Damay ;

2° *Secteur du Château*, sous le commandement du capitaine Rebout, depuis la poterne 26, vers Sainte-Radegonde, jusqu'à la porte Saint-Nicolas, y compris le Château. Troupes : Mobiles de la Somme (Abbeville), mobiles du Pas-de-Calais, artillerie mobile ;

3° *Secteur du Centre*, sous le commandement du lieutenant-colonel Gonnet, depuis la porte Saint-Nicolas vers l'Ouest et les moulins Damay vers l'Est et Flamicourt, jusqu'à la porte de Bretagne. Troupes : Garde nationale sédentaire, pompiers, garde nationale mobilisée, 43ᵐᵉ de ligne, artillerie de marine et canonniers auxiliaires du dépôt de la Somme (arrondissement de Péronne);

4° *Secteur du faubourg de Bretagne*, sous le commandement du chef de bataillon Cavelier, commandant les Mobiles du Pas-de-Calais. Troupes: Mobiles du Pas-de-Calais, canonniers auxiliaires.

Le poste *Bourbaki* faisait partie du deuxième secteur, au-delà de la poterne 26, vers les avancées sur Sainte-Radegonde. Trente hommes environ y grouillaient sous une voûte humide, où la *bourbe*

(de là son nom) vous arrivait jusqu'à la cheville.
Le croirait-on, cette voûte, complétement ouverte
du côté de Sainte-Radegonde, n'avait même pas
été défendue par le moindre blindage. Après la
mort de Depoilly, le blindage fut exécuté. Toujours
la même imprévoyance.

A dix heures du soir, c'est le tour de la maison
Auguste Danicourt et des vastes dépendances de la
maison Vermond. Une demi-heure plus tard, l'incendie dévore celle de M. Tardieu.

On le voit, les incendies sont circonscrits dans le
haut quartier Saint-Fursy. L'arsenal, qui y est situé,
reste debout.

L'artillerie de la Place a, pendant toute cette
journée, continué son feu avec le même sang-froid
et la même énergie.

Pendant cette journée, les troupes ennemies devant Péronne sont restées les mêmes que celles du
1er janvier.

CHAPITRE XXII

Mardi 3 Janvier

Les pièces ennemies établies à Biaches continuent à tirer avec une régularité désespérante et la journée commence par un incendie allumé, à six heures du matin, dans les dépendances de la maison veuve Gaudechon, ayant accès sur la rue Mollerue et le rempart.

Les casemates sont, de plus en plus, remplies de monde, et les symptômes les plus alarmants pour la santé publique se manifestent. En ville, il y a toujours grand danger ; la dame Angéline Doublet est mortellement frappée, chez M. Cadot, par un éclat de bombe qui lui brise la jambe.

Sur la place, le sergent Stoll, revenant du Château avec les provisions pour le poste de la garde nationale, est renversé par un projectile dont les débris traversent un sac de riz qu'il porte sur ses épaules. Riz, sel, café, tout gît à terre. Stoll, avec le plus grand sang-froid, se relève, ramasse soigneusement ses provisions et rentre au poste sans que son visage trahisse la moindre émotion.

La garnison, forcément passive, s'abrite où elle peut. Les troupes cantonnées dans les faubourgs, seules, sont à l'abri du danger, l'ennemi ne tirant pas sur ces parties avancées de la ville.

Toute la journée, on entend une canonnade nourrie dans la direction de Bapaume ; à certains moments même le bruit de la mousqueterie, apporté par le vent du nord, arrive jusqu'à nous. Inquiets, on écoute, l'oreille contre terre ; les bruits sont distincts, clairs ; la fusillade s'accentue à quelques kilomètres. L'espoir, disparu la veille, revient au cœur.

Cependant le poste de la garde nationale, ouvert de tous côtés, n'offrait aucune sécurité aux hommes de bonne volonté qui s'y tenaient en permanence. Un chariot de son, de farine et de sel que l'on supposait destiné à ravitailler l'ennemi avant le bombardement, avait été saisi et placé devant le poste qu'il garantissait tant bien que mal. Ce n'est que le 3 janvier que l'idée vient à l'un de nous de se servir de ces sacs pour en blinder les ouvertures. En cinq minutes, les fenêtres en furent, intérieurement et extérieurement, garnies de façon à donner quelque sécurité. A partir de ce moment, le jour cessa d'éclairer le poste et nous dûmes recourir à la chandelle réglementaire pour combattre l'obscurité.

Il est bon, en passant, de tracer un croquis de l'intérieur de ce poste qui renfermait trois fois autant d'hommes qu'il en pouvait contenir.

Au fond, à droite, était ménagée une sorte de petite chambre ordinairement destinée à l'officier de garde. Le colonel Gonnet l'occupa pendant tout le siége. A côté et au-dessus de cette chambre, deux lits de camp où, en temps ordinaire, vingt hommes se tenaient avec peine et qui, à ce moment, en recevaient quarante. Officiers, sous-officiers, gardes nationaux, tous y étaient couchés pêle-mêle, au milieu d'un orchestre de ronfleurs dans lequel certain lieutenant de ma connaissance faisait consciencieusement sa partie.

Le reste des hommes dormaient sur les tables, sur les chaises, où ils pouvaient.

Un poële, un vrai poële de corps de garde, complétait l'ameublement. On y avait installé une marmite monumentale où s'engloutissaient la viande et les légumes plus ou moins nettoyés par les *cuisiniers* et destinés à faire la soupe de chaque jour. Une partie de la viande et du bouillon était réservée à quelques malheureux des casemates.

C'est dans ce poste que nous recueillîmes et soignâmes le sergent-major de la 1re compagnie de la garde nationale, M. Trépant, assez grièvement blessé sur la place d'un éclat d'obus à la tête.

Auprès de ce poste, se trouvait celui des Pompiers, plus vaste et qui donnait abri aux individus sans asile et n'ayant pu trouver place aux casemates. Les Pompiers avaient la même cuisine que nous, peu variée, mais suffisante en pareille occasion.

Dans l'après-midi, l'un d'eux nous apporte triomphalement deux poules. Enthousiasme général ! On l'interroge et l'on apprend qu'une bombe, qui vient de tomber dans la cour de l'hôtel Saint-Claude, y a tué, en même temps qu'un cheval, une certaine quantité de volailles.

Cependant, les habitants et soldats tués par le feu de l'ennemi ou par la maladie ne pouvaient rester sans sépulture. On résolut de les enterrer dans les fortifications, près de la poterne 26, non loin de la salle d'artifices. C'est un sombre tableau, digne d'un pinceau de maître, que celui de ces funérailles accomplies dans de semblables conditions. Une sorte de charrette découverte contenait les cadavres que chargeaient quelques Mobiles de bonne volonté. Seuls, un prêtre, M. Friant et le maire de la ville, M. Fournier, précédaient courageusement ce lugubre cortége au milieu des ruines encombrantes et des projectiles de l'ennemi. Un *De Profundis* et quelques pelletées de terre sur les corps raidis et défigurés... et c'était tout.

M. Friant est le même qui parlementa le 2 janvier; c'est lui qui, installé à poste fixe, à la caserne, luttait de dévouement avec les docteurs Pouchain, André et les médecins militaires de la Mobile, au nombre desquels se faisait remarquer M. Coquelle; c'est lui encore qui, pendant l'incendie de l'Eglise, sauva le Saint-Sacrement exposé aux flammes et le mit en lieu sûr.

Dans la journée, un Mobilisé du nom de Niquet est tué par le feu de l'ennemi.

Vers cinq heures et demie, dans la rue Mollerue, l'incendie consume la maison Millencourt et, une heure plus tard, une partie de la maison Dufossé, rue du Noir-Lion. A ce moment, les projectiles prussiens répandent, en éclatant, une odeur accentuée de pétrole et des personnes dignes de foi, voisines de la maison Dufossé, m'ont affirmé qu'il n'y avait pas à s'y tromper. Jusqu'à ce jour, ces personnes étaient restées chez elles; mais le nouveau danger qui se révélait les décida à aller aux casemates du Château.

La soirée se passe sans nouveaux incidents et sans nouveaux incendies; la traînée lumineuse des bombes se reflète dans le ciel et notre artillerie tient toujours ferme.

Les bruits de bataille ont cessé; Faidherbe n'est pas venu. La population, usée par les souffrances de sept jours, perd de nouveau patience et, pendant la nuit, M. Fournier, maire, adresse à M. le Commandant de la Place un billet ainsi conçu :

3 Janvier, 3 h. du matin.

Monsieur le Commandant de Place,

Le bombardement continue avec une telle intensité que la plus grande partie de la ville aura disparu ce soir.

Le feu est partout.

Je crois encore une fois qu'il faut en finir de suite.

Veuillez prendre les mesures nécessaires pour répondre au vœu de la population.

Agréez...

FOURNIER.

Veuillez vous rendre compte, *par vous-même* et de suite, des ruines.....

Réponse de M. le Commandant :

Péronne, le 3 janvier, 4 h. matin.

Monsieur le Maire,

Je déplore, autant que qui que ce soit, le désastre qui frappe en ce moment la ville de Péronne et j'en connais toute l'étendue.

Je vais réunir le Conseil de défense et j'aurai l'honneur de vous faire connaître sa décision.

Veuillez agréer...

GARNIER.

Au reçu de cette réponse, M. Fournier adresse à M. le Commandant un second billet ainsi conçu :

Péronne, 3 janvier, 4 h. 1/2 du matin.

Monsieur le Commandant,

J'ai votre mot de 4 heures du matin et je compte toujours sur vous pour faire cesser l'état de choses dont je vous ai entretenu.

En conséquence, ayez l'obligeance de réunir de suite votre Conseil de défense.

FOURNIER.

Le Conseil de défense se réunit en effet et, voulant attendre encore le résultat de la bataille dont le bruit était arrivé jusqu'à Péronne, décide de continuer la résistance.

———

Les troupes ennemies devant Péronne pendant la journée du 3 janvier furent réduites à sept bataillons, cinq escadrons et cinq batteries légères qui ne tiraient pas, voulant épargner leurs munitions en cas d'une rencontre en rase campagne ou d'une sortie de la garnison. Seule, la grosse artillerie de Biaches et de la Maisonnette donnait.

La diminution des forces prussiennes avait été occasionnée par un ordre du général en chef von Gœben qui envoya, vers Le Transloy, trois bataillons et quatre batteries de la division d'artillerie à pied, et, vers Cambrai pour tenir la campagne dans le Nord, trois escadrons de hussards.

CHAPITRE XXII

Mercredi 4 Janvier

L'horrible monotonie de la veille se renouvelle. L'ennemi, toujours inaccessible, lance sur la ville avec une régularité mathématique ses lourds projectiles. La mort, plus impitoyable que jamais, fauche à pleins sillons et l'on ne prend même plus la peine de creuser la terre profondément durcie par la gelée pour enterrer les cadavres. Au faubourg de Bretagne un Mobile gît inanimé sur le rempart; plus loin, un portefaix, du nom de Francôme, est déposé dans un jardin, recouvert à peine par quelques bottes de paille. Dans un de ses magasins, M. Ballet, marchand de vins, est étendu sans vie; auprès de lui, dort du sommeil éternel une femme, sa voisine. Tous sont roides, gelés et comme momifiés. Triste et funèbre spectacle dont je ne puis oublier la vue !

Un cordonnier, Compère, habitant la rue Saint-Fursy, a, dans sa boutique, auprès de son poële, les deux jambes brisées par un obus qui, venu de Biaches obliquement, y pénètre et éclate avant que le malheureux ait eu le temps de fuir. Depuis le premier jour du siége, sans préoccupation du danger, il était resté chez lui. Imprudence qui lui coûta cher;

car, emporté à l'hospice par quelques citoyens courageux, il y subit une double amputation à laquelle il succomba le lendemain.

La maison Vermond, rue Saint-Fursy, déjà bien endommagée pendant le premier bombardement, est toujours le point de mire de l'ennemi. Dans la matinée, une bombe arrive dans la cour ; c'était peut-être la dixième de la journée. Avant qu'elle ait pu éclater, un Mobile qui allait prendre le café avec ses camarades saisit la casserole qui le contient, s'élance et en répand le contenu sur la mèche du projectile qui s'éteint.

Un obus de gros calibre et une bombe de 22 vont, sans éclater, se loger dans la façade de l'Église où, longtemps, ils furent apparents.

Le Tribunal est criblé ; les charpentes, les vitres, tout vole en éclats. Dix fois, le poste de secours de gardes nationaux placé près de là y éteint l'incendie. Un clairon de francs-tireurs et le pompier Délimont, mort depuis, établis en permanence dans les magasins de M. Terlez, luttent de courage et de dévouement et, vingt fois avec les habitants du quartier, le préservent de l'incendie.

Pendant cette journée, je tirai l'obusier de 12 du Château qui avait remplacé celui de 22 ; il était servi par les artilleurs de la Mobile commandés par le maréchal-des-logis Waxin et le brigadier France. Ce malheureux obusier, à âme lisse, ne pouvait, malgré la hausse exceptionnelle que nous avait donnée le lieutenant de vaisseau Poitevin, que très-rarement atteindre les batteries ennemies les plus rapprochées. La plupart de ses projectiles tombaient dans les étangs de M. Décamps ou dans le canal. *Telum imbelle sine ictu.* Et c'est avec cela qu'il fallait lutter contre les pièces rayées des Prussiens !

Vers trois heures, Lohou qui, de la batterie de la poudrière, tirait dans la même direction que nous avec une excellente pièce de 12 rayée, cesse son feu. Qu'y a-t-il ? Nous regardons et, à notre grand étonnement, nous apercevons, sur le front nord de la Place, les hommes du secteur debout sur les remparts, regardant les hauteurs du Mont-Saint-Quentin. Inquiets, nous jetons les yeux de ce côté et nous apercevons une longue colonne noire s'avançant en bon ordre vers le faubourg de Bretagne. On y peut distinguer comme deux chefs à cheval et, dans le centre, un drapeau tricolore. Deux voitures accompagnent la colonne. Le silence des canons de la Place, surtout vers le secteur du Nord dont cette troupe n'était plus qu'à 600 mètres, le drapeau tricolore dont on aperçoit les couleurs éclatantes, ne peuvent laisser aucun doute : C'est l'armée française ! C'est Faidherbe ! [1]

Éperdu, haletant, comme un fou, je cours à la casemate du Commandant de Place lui porter la bonne nouvelle. Allègrement, il gravit les rampes du Château, regarde et s'écrie à son tour : Ce sont les Français !

A ce moment, un coup de canon retentit, puis deux, puis trois ; ce n'est bientôt qu'une fusillade

[1] Le fait de l'existence d'un drapeau tricolore au milieu d'une troupe prussienne peut paraître anormal. Cependant je l'affirme, et l'on y pourra croire d'autant mieux qu'après notre capitulation des régiments prussiens, le 19me, le 29me, par exemple, ont traversé notre ville ayant dans leurs rangs des drapeaux tricolores. Faciles et peu glorieux trophées enlevés, sans coup férir, aux compagnies de sapeurs-pompiers ou aux mairies des villages traversés par les héros germaniques.

acharnée, qu'un tapage infernal. La colonne s'arrête indécise, hésite, recule ; la canonnade continue. Elle prend alors le pas de course et se retire, échelonnée en tirailleurs, vers les hauteurs du Mont-Saint-Quentin, où elle disparaît.

C'était un bataillon du 69ᵐᵉ de ligne prussien, débandé après Bapaume, qui, après s'être rallié, se rendait à Aizecourt-le-Haut et Bussu, ses cantonnements. Il s'était trompé de chemin. Les soldats portaient la casquette et leur tenue sombre avait d'abord laissé croire que c'étaient des chasseurs à pied.

Le tir de la Place avait porté trop haut et l'ennemi n'eut que quelques blessés qu'il emmena avec lui. Sans l'imprudence d'un artilleur auxiliaire des batteries de Bretagne qui, mettant sa cravate au bout de sa baïonnette, s'avança vers les Prussiens en criant : Qui vive ! le bataillon du 69ᵐᵉ pouvait être décimé.

Cependant, on supposait que quelques hommes étaient restés cachés dans la fabrique de sucre de Saint-Denis, derrière laquelle s'étaient abritées les deux voitures de campagne de l'ennemi. Une partie de la 3ᵐᵉ compagnie des Mobiles du Pas-de-Calais, capitaine Savary, décoré depuis ; un certain nombre de volontaires et d'hommes de la 1ʳᵉ compagnie, capitaine Ruaut, font une sortie et ramènent au Château les deux voitures que nous avons trouvées remplies : l'une, règlementaire, de provisions de toutes sortes, conserves, viandes, chaussettes, gilets de laine, pain, tabac, etc. ; l'autre, petit chariot de forme alsacienne, d'objets les plus divers : corps de pompe, ferrailles, sabres, épées, objets de cuisine, le tout destiné sans doute au négoce de quelque juif, maraudeur et pillard, comme il y en avait tant à la suite de l'armée allemande.

Les voitures furent bientôt vidées ; chacun prit, à sa fantaisie, sous la surveillance des chefs, ce qui lui convenait. Je me fis, pour ma part, octroyer un képi de lieutenant de garde nationale tout flambant neuf.

A l'heure même où le bataillon du 69me prussien se heurtait à nos remparts, la ville de Ham voyait arriver dans ses murs, à destination de Péronne, environ 300 Allemands, dont cent artilleurs du 8me régiment. Ce convoi, d'après *Vindex*, se composait de neuf pièces d'artillerie françaises, savoir : quatre énormes mortiers, un obusier de 24, quatre obusiers rayés de 16 et de 12. Plus de cent cinquante voitures, remplies de bombes et de munitions de toutes sortes, en faisaient partie.

A six heures trois quarts, les Allemands prennent la route de Péronne, mais bientôt, sur un ordre reçu et probablement à cause des événements de Bapaume, ils reprennent au grand trot la route de La Fère.

Un incendie se déclare, vers sept heures et demie du soir, dans la maison Etienne, rue Saint-Fursy ; il est impossible de l'éteindre.

La soirée est relativement calme.

Une partie des troupes de la garnison se prépare en vue de la sortie qui a été résolue par le Conseil de défense et qui sera effectuée par la Couronne de Paris pour enclouer les pièces ennemies établies à Biaches et la Maisonnette.

Vingt marins, dont dix encloueurs, armés seulement de sabres et de revolvers, doivent précéder une colonne ainsi composée :

Deux compagnies de Mobiles du Pas-de-Calais,

13

capitaines Fichet et De Marle, — une compagnie de la Somme (Abbeville), capitaine Delzant, — la compagnie du 43ᵐᵉ, — deux compagnies de Mobilisés, sous le commandement du capitaine Boutiot et destinées à servir de réserve.

Le commandement est confié au capitaine Fichet, plus ancien.

Afin de préparer le succès de la sortie, l'artillerie assiégée tire avec acharnement sur les batteries de Biaches. Chaque pièce, par ordre, doit fournir vingt-cinq coups à l'heure. A un signal donné, tout rentre dans le silence et les encloueurs sont prêts à commencer leur œuvre. Malheureusement, le projet ne put aboutir et il fallut y renoncer. Déjà, au surplus, l'assiégeant l'avait deviné et des fusées, parties de tous les points de l'horizon, indiquaient qu'il faisait bonne garde et était prêt à nous recevoir. Ce qui le prouve, c'est que les batteries de Biaches étaient, elles seules, gardées par deux bataillons.

Bien des commentaires, bien des accusations ont été faits et portés sur le résultat négatif de cette sortie. Les uns veulent que la responsabilité en retombe sur le capitaine Fichet qui aurait convoqué sa compagnie dans des termes peu rassurants, ce qui expliquerait pourquoi elle manqua, presque entière, à l'appel. D'autres accusent le capitaine De Marle qui aurait, cette nuit, oublié les préceptes les plus élémentaires de la tempérance. Qu'y a-t-il de fondé dans ces récriminations? Un historien consciencieux et fidèle, comme j'entends l'être, ne peut le dire et doit attendre du temps et des circonstances la découverte de la vérité. Ce qu'il y a de certain et ce qu'on peut, en toute conscience, répéter, c'est que la compagnie franche du capitaine Fichet ne s'est pas rendue en nombre à son poste.

Dans cette nuit, les vastes bâtiments de M. Damay, farinier, habités en partie par lui et par M. Arcanger, et jusqu'alors miraculeusement épargnés, sont détruits par la flamme. Les moulins, vingt fois allumés par les projectiles prussiens et vingt fois sauvés par les artilleurs du capitaine Léon Dehaussy qui y ont établi un poste, restent debout au milieu de ces ruines immenses.

CHAPITRE XXIII

Jeudi 5 Janvier

Le soleil se lève pour éclairer de nouvelles ruines.

La nuit a été terrible et les batteries ennemies concentrant, à dessein, leur feu sur un même point, sont parvenues à allumer d'immenses incendies. Toute la rue des Chanoines est en feu.

Les maisons De Boutteville, veuve Le Blanc-Scribe, Cousin, notaire, veuve Gambart, veuve Le Blanc de Combles, forment ensemble un immense brasier impossible à combattre. Que ceux qui n'ont pas été témoins de ces horribles désastres se les représentent par l'imagination. Ils comprendront quelle faute commettent les gouvernements en déclarant une guerre pour laquelle ils ne sont pas prêts et en livrant aux obus ennemis des Places fortes incapables de se défendre.

Pendant que ces tristes événements se passent, d'autres édifices brûlent vers la grande place, près du Marché aux Herbes. Ce sont les maisons Bélédin Jacques, Lirondelle, veuve Trépant. De longues gerbes de flammes s'élancent vers le ciel et, chassées par le vent du Nord qui ne cesse de souffler, semblent, de loin, se confondre avec celles de la rue des

Chanoines. Guidé par ces lueurs sinistres, l'assiégeant accélère son feu, ce qui rend infructueux les efforts des hommes de bonne volonté.

Dans la matinée, l'insuccès de la sortie de la nuit se répand dans la population et enlève le peu d'espoir qui restait encore au cœur des plus résolus. L'impuissance des moyens d'action de la garnison, la presque certitude de n'être pas secouru du dehors, la mortalité qui sévit cruellement dans les caves et aux casemates sont bien faits, il faut l'avouer, pour jeter le découragement et la démoralisation au milieu de gens si cruellement éprouvés depuis huit jours.

Aussi, vers neuf heures, la note suivante, écrite au crayon et accompagnée de trente-et-une signatures, était-elle adressée au Maire et à la Commission municipale :

« Les infortunés habitants de Péronne, qui sont depuis
» plus de huit jours dans les casemates du Château, sup-
» plient Monsieur le Maire et toute la Commission munici-
» pale de se transporter en corps aux casemates du Château
» le plus tôt possible, pour constater que l'état sanitaire de
» la population qui y est renfermée ne permet pas, sous
» peine d'anéantissement de toute cette population, un jour
» de plus de résistance.

» Ils espèrent qu'un rapport de la Commission au Comité
» de la défense amènera la solution immédiate que nous
» demandons tous, plusieurs cas de maladies graves ou
» d'aliénation mentale s'étant déjà déclarés aux casemates.
» Jeudi 5 janvier 1871, 9 heures du matin. »

(Suivent trente-et-une signatures.)

Au verso de cette note, M. le Maire de la ville

avait tracé quelques lignes adressées au Conseil de défense :

« J'ai fait, hier, au nom de la ville, toutes les observations
» que comporte la situation. Quant aux casemates, je les ai
» visitées hier soir; elles sont dans un état déplorable d'insa-
» lubrité et doivent amener des maladies si le siége continue
» plus longtemps. Il est déjà un peu tard.

» Au surplus, le Comité de défense siégeant au Château
» peut s'en assurer. Ce ne sont plus des mots qu'il faut,
» mais des actes.

» 5 janvier.

» FOURNIER. »

Les incendies de la rue des Chanoines et du Marché-aux-Herbes consument peu à peu ce qui reste de charpentes, de boiseries et de mobilier. Autant que cela est possible, on protége les maisons voisines du feu dont on a fait la part ; c'est le but principal des travailleurs au milieu desquels on remarque toujours le capitaine Dieppe.

La soirée est relativement calme; deux fois déjà, M. Daudré a sauvé des flammes l'habitation de M. Hiver, dans laquelle son cheval avait été tué et qu'il avait abandonnée pour se réfugier aux casemates avec sa femme malade et ses enfants. Cependant, vers onze heures du soir, une lueur soudaine éclaire une des lucarnes du grenier, elle s'étend, grandit, éclate; c'est l'incendie ! un incendie terrible qui menace tout le côté gauche de la rue des Naviages, à partir des maisons Duquesnoy et de Bonnival.

Le poste de la place est bientôt sur pied, ainsi que celui des Mobilisés de l'Hôtel de Ville. Chacun comprend l'imminence du danger et bientôt plus de deux cents hommes de bonne volonté forment la chaîne.

Mes sous-lieutenants Lacouronne et Vermond et le sous-lieutenant Frindel, de la 3ᵐᵉ, se multiplient ; des citoyens courageux se mêlent aux Mobiles, aux Mobilisés et aux gardes nationaux. La grande difficulté est de se procurer l'eau nécessaire à l'alimentation des deux pompes qu'on a de suite amenées sur les lieux. Les maisons voisines sont explorées, les portes enfoncées et partout, à notre grand regret, on constate que les pompes sont gelées. Dans une de ces explorations, je me heurte à une caisse immense, garnie de fer, que je fais de suite transporter au poste de la place. Elle contenait tout le timbre du bureau de l'enregistrement.

La pompe de M. Daudré, la seule qui pût fonctionner, ne donnant pas suffisamment d'eau pour l'alimentation des pompes à incendie, la chaîne dut en puiser dans le ruisseau de la ville qui coule au bas de la rue des Naviages. Jusqu'à trois heures du matin, ce fut un travail sans relâche, les pieds dans l'eau gelée. Les obus de l'ennemi, dont les éclats blessèrent quelques travailleurs, ne parvinrent pas à leur faire perdre courage

La flamme, difficilement contenue entre les murs restés debout de la maison Hiver et qui formaient comme les parois d'une immense fournaise, commençait, à travers les fissures des cloisons, à pénétrer dans un grenier à fourrages dépendant de la maison Duquesnoy.

Les pompiers du poste, leur lieutenant en tête, se dévouaient, et M. Lefevere, courageusement monté sur une haute échelle, dirigeait de là le jet d'une pompe ; je ne crains pas de dire que c'est grâce à son initiative et à son énergie que l'incendie a pu être heureusement arrêté.

Je suis heureux de répéter que, pendant cette nuit affreuse, j'ai rencontré chez nos travailleurs, civils et militaires, une bonne volonté qui a parfois et en d'autres circonstances fait défaut.

Pas le moindre découragement, pas la moindre résistance aux ordres donnés et, pour ne pas l'oublier, je dois également citer le sang-froid de M. Jules Duquesnoy qui distribuait aux hommes des cordiaux destinés à leur faire supporter la fatigue et l'épuisement amenés par quatre heures d'une lutte acharnée contre le plus redoutable des fléaux.

Le colonel Gonnet, le commandant Cadot, toujours dévoués, les capitaines Douay et Dieppe, les lieutenants Dupuis et Frindel, un sous-lieutenant de Mobilisés dont j'ignore malheureusement le nom, les pompiers Gourdin et Pouleur; MM. Daudré et ses employés, Hochard, Fernet, Tabary, de la Mairie, Auguet et d'autres que ma mémoire oublie, se sont fait remarquer particulièrement dans cette nuit si tristement mémorable.

Pendant la journée, les forces d'investissement ne subissent pas de modifications.

Sur la demande pressante de von Gœben, le général Manteuffel demande à Versailles des renforts d'artillerie pour triompher, selon ses propres expressions, « de l'opiniâtreté du commandant Garnier. »

Dans la soirée, onze pièces françaises, venant de La Fère, arrivent sous les murs de Péronne, à titre de renfort, avec une compagnie d'artillerie de siége.

CHAPITRE XXIV

Vendredi 6 Janvier.

La situation ne change pas. L'ennemi tire à intervalles égaux, presque mesurés ; l'assiégé répond
toujours coup pour coup. On ne parle plus de Faidherbe que comme d'un souvenir, d'une illusion
éteinte, d'une espérance disparue.

Dans la ville, il y a plus de mouvement. Parmi les
timides, quelques-uns se sont enhardis. La phrase
sacramentelle, comme stéréotypée que l'on prononce
en se rencontrant est celle-ci : « Où allons-nous ?
Qu'allons-nous devenir ? La ville tout entière sera-
t-elle anéantie sans espoir de salut ? »

Auprès de notre poste qui échappe, comme par
miracle, aux obus prussiens, l'hôtel Saint-Claude,
le café du Petit-Saint-Jean, la maison Dacheux sont
criblés. Avec un fracas épouvantable, une bombe
tombe sur cette dernière ; nous nous précipitons,
mais nous trouvons porte close. Au soupirail de la
cave, nous crions : au feu ! On nous ouvre et nous
pouvons éteindre un commencement d'incendie.

Même scène au café du Petit-Saint-Jean, dont le
capitaine Dieppe et le lieutenant Frindel arrachent
les volets pour pénétrer à l'intérieur. Ce dernier

avait surtout pris à tâche d'exercer dans son quartier une surveillance active, grâce à laquelle bien des désastres ont pu être prévenus.

Vers dix heures du matin, rue Mollerue, une grange appartenant à M. Croizet et des magasins appartenant à M. Bruyant sont détruits par le feu. Le caporal Gaudefroy, les gardes nationaux Arcanger et Bachelet, tous trois de la 2me compagnie, ainsi qu'un sergent des Mobiles luttent de courage et d'énergie et arrêtent les progrès de l'incendie qui respecte ainsi les maisons voisines.

Les pièces françaises, obusiers et mortiers, des batteries prussiennes de Biaches font toujours à la ville un mal énorme sans que l'on puisse, ainsi que je l'ai déjà dit, leur riposter utilement. C'est avec des mortiers plutôt qu'avec des pièces de précision qu'on devait leur répondre. A l'extrémité de la rue du Pot-d'Etain, au pied du talus du rempart, il en existe deux qui n'ont pas encore servi. Après quelque résistance du chef de l'artillerie, qui trouve que leur déplacement est impossible, on obtient de les amener à la batterie du moulin Damay, et c'est plaisir de voir un détachement de marins armés de cordes les enlever et les glisser sur la neige jusqu'au lieu de leur nouvelle installation avec une facilité des plus grandes.

· Il pleut dans la journée. La pluie qui succède à une gelée intense est la bienvenue. En adoucissant l'atmosphère si rude jusqu'alors, elle nous fait espérer que les mouvements des assiégeants seront rendus plus difficiles par la détrempe des terres et le poids des nouvelles pièces qu'ils nous destinent.

C'est dans cette soirée du vendredi 6 janvier que

l'ennemi avait projeté un assaut contre les murs de la ville.

Il n'est pas douteux que Péronne, assiégée par des soldats plus agiles, plus braves que les Prussiens, eût été exposée aux horreurs d'un assaut qui, en présence du désordre et de la désorganisation de sa garnison, avait beaucoup de chances de réussir.

Aussi, n'était-ce pas sans un sentiment de frayeur bien légitime que l'on songeait à la possibilité de cette éventualité extrême.

En tous cas, et, faute d'un assaut, rien n'était plus aisé qu'une surprise de nuit. Pendant les premiers jours, chacun était plus ou moins assidûment à son poste. Mais bientôt la fatigue d'un service incessant, les travaux et les veilles aux incendies, le découragement de ne pouvoir atteindre un ennemi toujours caché, firent que les postes étaient à peine gardés et que les sentinelles, au lieu de rester aux remparts, s'abritaient où elles le pouvaient, pendant l'heure des factions. Un ennemi audacieux et connaissant la Place, pouvait donc facilement y pénétrer la nuit, par un clair de lune splendide et s'en emparer presque sans coup férir.

Les Prussiens y avaient songé et le plan, discuté en conseil de guerre, devait en être exécuté sous la direction du capitaine Krügge de la 2ᵐᵉ compagnie du 8ᵐᵉ bataillon des pionniers du Rhin.

A cet effet, l'ennemi avait réquisitionné des échelles dans les villages environnants : Brie, Saint-Christ, Cartigny, le Mesnil-Bruntel, etc. Le jeune Bertincourt, de Doingt, menacé de mort s'il n'obéissait, devait guider, le long de la rivière de Cologne, les colonnes d'assaut qui seraient entrées par la rue des Naviages, au centre de la ville. Pour masquer leur mouvement et le rendre plus praticable, une attaque vigoureuse aurait été simulée contre les ouvrages de la Couronne de Paris. Pendant que les défenseurs de la Place se seraient portés en masse vers l'endroit menacé, abandonnant les autres points qui ne l'étaient pas ou ne semblaient pas l'être, les troupes de la Cologne escaladeraient les remparts, s'empareraient du poste de la Place et de la ville qui, heureusement, a échappé aux conséquences sanglantes de cette prise de vive force, la nuit, par des soldats ivres d'eau-de-vie et de sang.

Si je suis bien informé, les Prussiens ont été détournés de leur première résolution par la crainte d'exposer la vie d'un grand nombre d'hommes pour arriver à un résultat qui n'était pas autrement certain.

———

Pendant la journée du 6 janvier, les forces ennemies autour de Péronne se répartissaient ainsi :

Au nord-est, composant l'aile droite, se trouvait la 3me division de réserve, à l'exception de la brigade de cavalerie légère de la garde détachée dans les environs de Roisel et de deux bataillons du 19me partis vers Bapaume.

Devant la Place, il y avait 8 bataillons, 5 escadrons et, en outre des pièces de position, 4 batteries de campagne ayant en arrière, vers Dompierre, tout le 8me corps.

Forces imposantes qui, pas plus que les jours précédents, ne permettaient à la garnison de sortir sans courir le risque d'être vivement et inutilement broyée.

CHAPITRE XXV

Samedi 7 Janvier

La matinée commence par deux incendies successifs allumés par le feu de l'ennemi chez MM. Raoult et Gonce, au bas de la rue du Blanc-Mouton.

Le premier de ces incendies pouvait, s'il n'était victorieusement combattu, avoir les conséquences les plus désastreuses. En effet, M. Raoult joignait à sa brasserie le commerce de spiritueux et, à tout prix, il fallait sauver la cave qui les renfermait. L'alerte donnée, un certain nombre de travailleurs se rendit sur les lieux menacés et ce n'est qu'avec la plus grande peine que nous pûmes, à travers les rues encombrées de débris, y faire arriver deux pompes à incendie plutôt portées que traînées par des hommes de bonne volonté. Tous nos efforts étaient concentrés vers les magasins de 3/6 et l'usine de M. Fontaine, tanneur, qui, voisine du sinistre et contenant en grande quantité des matières combustibles, offrait le danger le plus réel. Pendant plus de deux heures, les chaînes et les pompes fonctionnèrent sans relâche et, grâce à la disposition de la rue Sans-Bout, nous dûmes patauger dans l'eau jusqu'à la cheville. C'était peu réjouissant et, malgré soi, l'on se demandait si cela devait encore durer longtemps. Le capitaine Dieppe, qui, avec moi et le sergent Stoll, dirigeait les travailleurs, conservait toujours son énergie; les pompiers, quelques-uns entr'autres déjà cités, faisaient courageusement leur devoir. Au milieu des citoyens dévoués, j'ai remarqué MM. Fontaine, tanneur, Félix Gaudefroy, Pouleur, Fressier, Chocu.

A dix heures du matin, on était maître du feu et nous étions rentrés au poste, nous séchant de notre mieux, quand on vient nous apprendre que tout est à recommencer et que l'incendie, éteint chez Raoult, s'est rallumé chez M. Gonce, dans un hangar tout rempli de bois et de copeaux. La maison Gonce touche immédiatement l'usine Fontaine; il n'y a pas un instant à perdre et fort heureusement, après une heure de travail, tout danger a disparu. Le volontaire Chocu se distingue encore dans cette circonstance; debout sur un mur étroit qui domine le foyer incandescent, il dirige tour à tour, avec le caporal Pouleur, le jet de la pompe avec le plus grand sang-froid et le coup d'œil le plus sûr malgré la fumée et les étincelles qui l'entourent.

Sur la place, au coin du poste de la garde nationale, un sergent de francs-tireurs a la jambe brisée par un obus. Ce malheureux, qu'on avait averti du danger, semblait narguer les projectiles et c'est au moment où il leur adressait un geste significatif de mépris que l'un d'eux vint le frapper directement. Transporté de suite à notre poste, sa jambe était si affreusement mutilée que l'amputation fut de suite jugée nécessaire. C'est avec la plus grande peine qu'on put l'emporter à la caserne; il tenait absolument à demeurer avec nous et à ce que l'amputation fût faite immédiatement. Il montra un très grand courage et, plus tard, pendant l'occupation, le rencontrant avec ses béquilles, je lui demandai s'il était encore disposé à narguer les obus prussiens. — « Pourquoi pas, me répondit-il flegmatiquement; seulement, au lieu de danser devant eux avec deux jambes, je ne danserai plus qu'avec une. »

Au faubourg de Paris, un obus, venu de la Maisonnette (car les Prussiens tirent toujours), tombe sur un des ponts-levis de l'avancée qui, dans sa chute précipitée, tue un Mobile du Pas-de-Calais du nom de François Thaine et en blesse plusieurs. Thaine est enterré derrière les magasins à charbon de M. Bachelet.

La journée se passe sans autres incidents dignes d'être rappelés et, comme la fatigue, les maladies et le découragement, qui en est la conséquence presque forcée, frappent de plus en plus la population, la Commission municipale se réunit le soir, vers huit heures, et prend la délibération suivante :

« Considérant que les démarches tentées auprès des chefs
» de l'armée assiégeante pour faire sortir de la ville les
» vieillards, les femmes et les enfants ont été infructueuses ;
» Que les ruines, amoncelées depuis le commencement
» du siége, sont immenses, qu'elles augmentent à chaque
» instant; que la population seule entassée dans les case-
» mates court les plus grands périls au point de vue sani-
» taire.....
» La Commission, au nom des intérêts qu'elle représente,
» transmet à M. le Commandant de Place le vœu unanime
» des habitants tendant à ne pas prolonger plus longtemps
» la résistance de la ville.

» Fournier, Daudré, André, O. Gonnet,
» Devillers, Lefevere, Cadot. »

CHAPITRE XXVI

Dimanche 8 Janvier.

Rien de nouveau. La situation reste la même : la maladie sévit de plus en plus; les casemates deviennent inhabitables. Il ne peut plus être question de renvoyer dans leurs maisons ceux qui y sont renfermés, car la ruine est partout. Déjà plus de quatre-vingts maisons sont brûlées, et les autres, sauf cinq ou six, percées, trouées, démolies.

La Commission municipale n'a pu triompher de la résistance du Conseil de défense. Cependant il circule quelques bruits de capitulation ; il y a dans l'air ce je ne sais quoi précurseur des grands événements.

Aux casemates et dans les caves où des autels ont été improvisés, la foule se presse pour entendre le service divin.

Des vieillards accablés par le poids des ans et les tortures du siége ; des femmes au teint hâve et bistré, leurs petits enfants sur les bras; des hommes à l'aspect triste mais résolu; des mobiles, des soldats, tous pêle-mêle, sans distinction de rang ou de fortune, viennent chercher là l'énergie, l'espérance et la résignation sans lesquelles ils comprennent que c'en est fait d'eux.

Le bombardement continue et, pendant la journée, un mobile du Pas-de-Calais, du nom de Xavier Bruyer, est tué.

Un train d'artillerie, venant de La Fère vers Péronne, s'arrête à Chaulnes ; d'autres sont vus à Saint-Christ et à Athies. Les habitants de ces communes racontent que les pièces en étaient du plus fort calibre et qu'ils tremblaient pour Péronne qui devait en recevoir le choc.

Le soir, arrive encore de La Fère un train de munitions pour les pièces françaises établies à Biaches et à la Maisonnette et qui ont fonctionné pendant le second bombardement.

CHAPITRE XXVII

Lundi 9 Janvier.

Ce jour-là, la Place avait douze pièces démontées ; il en restait en batterie trente-cinq, — et quelles pièces ! — dont cinq mortiers.

Celles de Biaches et de la Maisonnette n'ayant pas réussi, malgré leur calibre, à amener la reddition de Péronne, les Allemands devaient les remplacer par les suivantes :

12 pièces de 24 ⎫
24 pièces de 12 ⎬ prussiennes.
16 mortiers. ⎭

_____

Total : 52 pièces.

Ce renseignement, puisé dans la note du capitaine von Spilner dont j'ai déjà parlé, donne la mesure de la terrible et sanglante éventualité qui pesait sur nous et qui devait, de notre ville, ne laisser pierre sur pierre.

Cependant, le Conseil de guerre institué pour juger les voleurs arrêtés dans la cave de M. Ballue avait été convoqué, pour huit heures du matin, dans l'une des salles de l'Hôtel de Ville, par M. le Commandant de Place qui avait envoyé l'ordre suivant :

Ordre du Commandant de Place.

Le poste de l'Hôtel de Ville fournira une garde composée de 1 sergent, 1 caporal et 10 hommes, demain matin, à 8 heures, à la Mairie, pour assister à la séance du Conseil de guerre, escorter et garder les accusés qu'elle ira prendre à la prison à 7 heures 3/4.

Péronne, 8 janvier 1871.

Le Commandant de Place,

GARNIER.

J'ai dit la composition du Conseil et je dois ajouter que M. Cadot avait bien voulu accepter la défense des prévenus.

A l'heure dite, ceux-ci furent amenés à l'Hôtel-de-Ville. Parmi les gardes nationaux formant le poste, je me rappelle les noms de MM. Stoll, Félix Gaudefroy, Saveuse, Tricot, Fournier, Courcol, E. Gaudefroy, Auguez, Driencourt, Agar et Coutant.

Aux termes de l'article 189 de la loi du 9 juin 1857, les peines des travaux forcés, de la déportation, de la détention, de la réclusion et du bannissement sont appliquées conformément aux dispositions du code pénal ordinaire. Elles ont les effets déterminés par ce code et emportent, en outre, *la dégradation militaire.*

La peine de mort, comme beaucoup le pensaient, ne pouvait donc être prononcée contre les prévenus par le Conseil de guerre. L'application n'en peut être faite que par une *cour martiale* fonctionnant dans une armée ou un corps *en marche.*

Le Conseil avait pris séance. Les témoins : Ballue, Lacouronne, F. Gaudefroy, Auguez et Ancelin avaient été entendus et j'allais prononcer mon réquisitoire quand un officier, dépêché par M. le Commandant de Place à M. le commandant de Bonnault, président du Conseil de guerre, vint annoncer qu'un parlementaire prussien se présen- tait aux avancées de la ville.

La séance fut suspendue et remise à une heure qui serait ultérieurement fixée. Elle ne fut pas reprise à cause de la capitulation. Les prévenus qui, dans les embarras de la reddition de la Place à l'ennemi, avaient pu s'échapper, sont aujourd'hui l'objet d'une nouvelle instruction criminelle devant le Conseil de guerre séant à Lille.

A neuf heures, le parlementaire, accompagné de quatre hussards, se présente aux avancées du fau- bourg de Bretagne, où il est reçu par le capitaine Edmond Dehaussy à qui il remet un pli transmis aussitôt à M. le Commandant de Place.

Il y était dit, en substance, qu'en raison de la retraite de l'armée française après Bapaume et de l'abandon, depuis le 3 janvier, de la forteresse de Péronne cernée et bombardée, la résistance ulté- rieure serait sans objet. Le général Barnekow pro- posait de faire cesser une défense inutile et pro- mettait des conditions honorables en vertu de la résistance prolongée. Faute de réponse après onze heures du matin, la ville serait de nouveau bom- bardée avec des batteries de siége qui venaient d'arriver.

Le Conseil de défense se réunit et la question de capitulation est agitée. Deux courants d'opinions se dessinent et, ne pouvant prendre une résolution définitive, le Conseil décide que le lieutenant- colonel Gonnet, le chef d'escadron de Bonnault et le lieutenant de vaisseau Poitevin se rendront à l'état-major prussien pour réclamer une dernière fois la sortie des enfants, des femmes et des vieillards. Au cas de refus, les délégués de M. le Commandant de Place devaient demander au général prussien la justification de l'existence des nouvelles batteries de siége annoncées par lui.

Ces deux demandes éprouvèrent le même refus et les délégués, n'ayant pas d'instructions pour traiter avec le général prussien, durent rentrer en ville, rapportant au Commandant ce qui s'était passé et le prévenant qu'un nouveau répit avait été accordé à la ville jusqu'à six heures du soir pour faire connaître à l'état-major ennemi sa détermination.

Au retour de MM. Gonnet, de Bonnault et Poitevin, le Conseil de défense se tint en permanence ; le moment était solennel et décisif.

Au dehors et dans les casemates, la population était inquiète, fiévreuse, agitée ; c'étaient, dans la cour du Château envahie par elle, des plaintes, des supplications, des cris de toutes sortes. Au milieu des groupes, on pérorait :

« — La ville est à moitié ruinée ; les pompes à incendie hors d'état de fonctionner ; l'armée du Nord est en retraite ; l'ennemi va bombarder avec des canons Krüpp ; c'est l'anéantissement sans défense ; il faut capituler ! »

Et le mot de capitulation circulait, répété par une partie des habitants affolés.

C'est sous cette impression que la majorité du Conseil décida de capituler. Les plus complets pouvoirs furent donnés aux premiers envoyés auxquels fut adjoint M. Cadot, en sa qualité de membre de la Commission municipale et pour défendre, au besoin, les intérêts de la ville.

La décision prise entraînait avec elle une grande responsabilité au point de vue surtout de M. le commandant Garnier qui en subit plus tard les tristes conséquences. Et cependant, au mépris des promesses faites, on l'avait abandonné à lui-même sans secours et sans moyens sérieux de résistance.

Lors de la délibération aboutissant à la capitulation, les chefs de corps MM. Cadot, Léon Dehaussy, Edmond Dehaussy et Poitevin avaient été admis à titre de voix consultatives. Dans le Conseil, si je suis bien informé, les votes eurent lieu de la manière suivante :

G. Gonnet. . . . . . . oui.
De Bonnault. . . . . . oui.
Cavelier . . . . . . oui.
Peyre . . . . non.

M. le commandant Garnier, se ralliant à la majorité, vota oui.

M. le sous-préfet Blondin déclara s'abstenir.

En conséquence, vers six heures du soir, les parlementaires français se rendent au quartier-général ennemi où ils arrivent à sept heures. Jusqu'à minuit, on discute pied à pied les conditions de la capitulation qui est signée chez M. Barbar, à Cartigny.

A raison de la résistance énergique de Péronne, on put obtenir des Prussiens des conditions moins dures que celles qui avaient été imposées jusque-là à la plupart des villes capitulées, et le texte même de la capitulation en convaincra les plus incrédules :

CAPITULATION DE LA PLACE DE PÉRONNE

Protocole

Entre les soussignés : 1º le Colonel de HERTZBERG ; 2º le Lieutenant-Colonel Gontrand GÒNNET; de BONNAULT, Chef d'escadron d'artillerie, et CADOT, Chef de bataillon, chargés de pleins pouvoirs de S. Exc. le Général de division baron de BARNEKOW, et de M. le Chef de bataillon GARNIER, Commandant la Place de Péronne,

A été convenu ce qui suit :

ART. 1er. — La garnison de Péronne, placée sous les ordres du Chef de bataillon GARNIER, commandant la Place de Péronne, est prisonnière de guerre. La garde nationale sédentaire n'est pas comprise dans cet article.

ART. 2. — La Place et la Ville de Péronne, avec tout le matériel de guerre, la moitié de tous les approvisionnements de toutes espèces, et tout ce qui est la propriété de l'État, seront rendus au corps prussien que commande M. le Général de division baron de BARNEKOW, dans l'état où tout cela se trouve au moment de la signature de cette convention.

A onze heures du matin, demain 10 janvier, des officiers d'artillerie et du génie, avec quelques sous-officiers, seront admis dans la Place pour occuper les magasins à poudre et munitions.

ART. 3. — Les armes, ainsi que le matériel consistant en canons, chevaux, caisses de guerre, équipages de l'armée, munitions, etc., seront laissées à Péronne à des commissions militaires, instituées par M. le Commandant, pour être remises à des commissions prussiennes.

A une heure, les troupes seront conduites, rangées d'après leurs corps et en ordre militaire, sur la route de Paris, la gauche appuyée aux fortifications et la droite vers Éterpigny, où elles déposeront leurs armes.

Les officiers rentreront alors librement dans la Place,

sous la condition de s'engager sur l'honneur à ne pas quitter la Place sans l'ordre du commandant prussien.

Les troupes seront alors conduites par leurs sous-officiers. Les soldats conserveront leurs sacs, leurs effets et les objets de campement, tentes, couvertures et marmites.

Art. 4. — Tous les officiers supérieurs et les officiers subalternes, ainsi que les employés militaires ayant rang d'officier, qui engageront leur parole d'honneur, par écrit, de ne pas porter les armes contre l'Allemagne, et de n'agir d'aucune manière contre ses intérêts jusqu'à la fin de la guerre actuelle, ne seront pas faits prisonniers de guerre. Les officiers et les employés qui accepteront cette condition conserveront leurs armes et les objets qui leur appartiennent personnellement. Ils pourront quitter Péronne, quand ils le voudront, en prévenant l'autorité prussienne.

Les officiers faits prisonniers de guerre emporteront avec eux leurs épées ou sabres, ainsi que tout ce qui leur appartient personnellement, et garderont leurs ordonnances. Ils partiront au jour qui sera fixé plus tard par le commandant prussien. Les médecins militaires, sans exception, resteront en arrière pour prendre soin des blessés et malades, et seront traités suivant la Convention de Genève ; il en sera de même du personnel des hôpitaux.

Art. 5. — Aucune personne appartenant à la ville, soit comme simple particulier, soit comme autorité, ne sera inquiétée ni poursuivie par les autorités prussiennes pour faits relatifs à la guerre, quels qu'ils soient.

En raison de la résistance énergique de Péronne, eu égard à sa faible position et aux dégâts produits par le bombardement, la ville sera exempte de toute réquisition en argent et en nature. Les habitants ne seront pas tenus de nourrir chez eux les simples soldats allemands jusqu'à l'épuisement de la moitié des approvisionnements qui se trouvent dans les magasins de l'État. Cette condition ne s'appliquera pas au jour de l'entrée.

Art. 6. — Les armes de la garde nationale sédentaire seront déposées à l'Hôtel de Ville et appartiendront à l'armée prussienne. Quant aux armes de luxe, elles seront déposées au même lieu et resteront la propriété des déposants.

Art. 7. — Tout article qui pourra présenter des doutes sera toujours interprété à la faveur *(sic)* de l'armée française.

Art. 8. — Le 10 janvier, à midi, la porte de Saint-Nicolas et la porte de Bretagne seront ouvertes pour l'entrée des troupes prussiennes ; en même temps, les fortifications nommées : Couronne de Bretagne et Couronne de Paris seront libres de troupes françaises.

Cartigny, 9 janvier 1871, onze heures du soir.

Signé : Von Hertzberg.

Le Lieutenant-Colonel,

G. Gonnet.

Le Chef d'escadron d'artillerie,

de Bonnault.

Le Commandant de la Garde nationale sédentaire,

Cadot.

Pour constater un fait vrai, il y a lieu de dire que le lieutenant de vaisseau Poitevin qui, pendant toute la discussion s'était tenu à l'écart, refusa de signer l'acte de capitulation.

A une heure et demie de la nuit, les parlementaires rentrèrent en ville au milieu d'une foule impatiente de connaître le résultat de la démarche.

C'est à peine si la voiture qui les ramenait pouvait, à certains moments, avancer. L'entrée de la case-

mate de M. le Commandant de Place était littérale-
ment assiégée. Comme une traînée de poudre, la
nouvelle de la capitulation circula dans la ville et,
pendant toute la nuit, ce fut à travers les rues sombres un va et vient indescriptible.

Dès le matin, les casemates étaient vides et chacun
reprenait possession des ruines que l'ennemi lui
avait laissées.

———

CHAPITRE XXVIII

19 Juillet 1870 — 10 Janvier 1871

Le 19 juillet 1870, à onze heures du soir, le bataillon du 43ᵐᵉ de ligne, commandant de Chérisey, quittait Péronne, sa garnison, pour se rendre à Thionville.

Au moyen d'une souscription bientôt couverte de signatures, MM. de Fry, de la *Gazette de Péronne*, E. Quentin, du *Journal de Péronne*, et moi, nous avions organisé, dans la cour de la caserne, un vaste banquet où furent conviées les autorités de la ville et où prirent place tous les hommes du bataillon. Trophées d'armes, guirlandes de feuillages et de fleurs, rien ne manquait à cette fête patriotique. Des toasts furent portés au succès de nos armes ; des vers furent déclamés ; des chansons répétées en chœur.

Au moment du départ, toutes les maisons illuminées répandaient dans les rues et sur les places des lueurs fantastiques éclairant les drapeaux tricolores et se reflétant sur l'acier des fusils. Plus de deux mille personnes faisaient cortége ; la musique municipale entonnait *la Marseillaise* que répétaient deux mille voix enthousiastes. C'était un délire.

Fous que nous étions ! Nous chantions sur une fosse ouverte : la fosse où devaient s'ensevelir, avec nos soldats, les gloires de la France.

Le 10 janvier 1871, à onze heures du matin, la garnison prisonnière quittait Péronne pour se rendre en Allemagne; elle en sortait avec les honneurs de la guerre, tambours et clairons en tête, sac au dos, fusil sur l'épaule.

La foule était grande encore autour de nos soldats. Ce n'étaient plus les chants joyeux de 1870, les vivats d'allégresse, les toasts entraînants. Tremblantes et désespérées, les mains se tendaient les unes vers les autres ; les larmes coulaient muettes ; on n'entendait que ces mots : Adieu ! au revoir ! courage !

Le désarmement eut lieu entre la Chapelette et Eterpigny ; il fut bientôt opéré, la plupart des hommes ayant brisé leurs armes ou les ayant jetées dans la Somme.

A une heure, les Prussiens prenaient possession de Péronne.

Là finit mon récit.

Puissé-je le reprendre un jour en lui donnant pour titre : REVANCHE.

ANNEXES

PREMIÈRE ANNEXE

Liste des victimes civiles et militaires tuées *par le feu* de l'ennemi pendant le bombardement :

CIVILS

Bachelet, Sophie ;
Eugénie Sailly, femme Mazure ;
Compère, Théodore-Auguste ;
Doublet, Marie-Angéline, femme Déjardin.

MILITAIRES

Le Bitou, marin ;
Delpas, marin ;
Bourbier, François, mobilisé (Somme) ;
Trépagne, mobilisé (Somme) ;
Brunel, mobile (Pas-de-Calais) ;
Lesage, mobilisé (Somme) ;
Lecat, mobile (Somme) ;
Dancart, mobile (Pas-de-Calais) ;
Michel, fusilier (43me) ;
Triquet, mobilisé (Somme) ;
Carnion, mobile (Pas-de-Calais) ;
Depoilly, mobile (Somme) ;

Thaisne, mobile (Pas-de-Calais);

Bruyer, mobile (Pas-de-Calais).

Les décédés par suite de maladie, notamment de la petite vérole, et les blessés s'élèvent à plus de cent personnes.

D'après les généraux prussiens ayant commandé sous Péronne, les pertes ennemies en tués et blessés se seraient élevées à près de cinq cents hommes.

SECONDE ANNEXE

Nomenclature des monuments et maisons totalement ou partiellement détruits par le feu de l'ennemi du 28 décembre 1870 au 9 janvier 1871 :

DÉSIGNATION	RUES	ÉNUMÉRATION
28 Décembre.		
Hospice,	des Cordeliers,	1
André,	petite rue du Collége,	1
Bulot,	rue du Paon,	1
Lefèvre,	Mollerue,	1
Beaurain,	Puchotte,	1
Delaporte,	Saint-Georges,	1
Lemaire,	des Bouchers,	1
Doyen,	Saint-Sauveur,	1
Platrier,	du Paon,	1
A reporter. . . .		9

DÉSIGNATION	RUES	ÉNUMÉRATION
	Report. . . .	9
Fournel,	du Sac,	2
Veuve Lemercier,	Marché-aux-Herbes.	1

29 Décembre.

D^{lle} Lemercier,	Saint-Fursy et des Ursulines,	2
Fouquempré,	Saint-Jean,	1
Recette des Finances,	id.	1
Bains,	id.	4
D^{lle} Villemant,	id.	1
Lenté,	Grande Place,	1
Villet,	id.	1
Clément,	id.	1
Bonnuit,	id.	1
Douchet,	id.	1
Ballue,	id.	1
Sainsaulieu,	id.	1
Thibault,	id.	1
Thuet,	id.	2
Legros,	id.	1
Vivot,	id.	1
Plumerat,	id.	1
Quentin,	id.	1
Sévestre,	id.	1
André,	id.	1
Delafons,	Mollerue,	1
Clarisses,	id.	1
Mazure,	id.	1
Veuve Gouabin,	du Collége,	1
	A reporter. . .	41

15

DÉSIGNATION	RUES	ÉNUMÉRATION
	Report. . . .	41
Veuve Gambart,	du Collége,	1
Veuve Prache,	id.	1

30 Décembre.

Cisternes,	Grande Place,	1
Lebrun,	id.	1
Maréchal,	id.	1
Eglise et Tour St-Jean,		1

2 Janvier.

Léguillette,	des Vierges,	1
Herbillon,	Mollerue,	1
D^{lle} Soyer,	Saint-Fursy,	1
Vignier,	id.	1
Veuve Hochard,	id.	1
Cousin et André, (entrepôt des tabacs, Lénique-Haüet et Gabriac),	id.	3
Choquet,	Impasse du Moulinet,	1
D^{lle} Ledent,	Fournier,	1
Hénocque,	id.	1
Vermond-Danicourt,	rue Saint-Fursy,	2
Tardieu,	id.	1

3 Janvier.

Veuve Delafons,	Mollerue,	1
Veuve Gaudechon,	id.	1
Lemaire-Dufossé,	Noir-Lion,	1
	A reporter. . . .	64

DÉSIGNATION	RUES	ÉNUMÉRATION
	Report. . .	64
4 Janvier.		
Étienne Dumez,	Saint-Fursy,	1
Damay,	id.	1
5 Janvier.		
Trépant,	Marché-aux-Herbes,	1
Legros-Dieppe,	id.	1
Gonnet Amazan,	Blanc-Mouton,	1
Bélédin-Nozo,	id.	1
Veuve Leblanc,	Chanoines,	1
Veuve Gambart,	id.	2
Veuve Scribe,	id.	1
Berthon,	id.	1
De Bouteville,	id.	1
6 Janvier.		
Croizet,	Mollerue,	1
Bruyant,	id.	1
7 Janvier.		
Raoult,	Sans-Bout,	1
Gonse.	des Bouchers.	1
Total, édifices publics et maisons particulières incendiés. . . .		82

Il y a lieu d'ajouter à ce chiffre plus de 600 maisons, sur 700, endommagées ou effondrées par les projectiles ennemis.

TROISIÈME ANNEXE

SE RATTACHANT AU CHAPITRE XI

A MONSIEUR LE GÉNÉRAL FAIDHERBE

L'ex-Lieutenant-Colonel GONTRAND GONNET

Commandant la 3e Légion de la Somme.

PLACE DE PÉRONNE

Péronne (Somme), 10 avril 1871.

GÉNÉRAL,

Ce n'est qu'à mon retour d'Allemagne que j'ai eu connaissance de ce qui a été dit et écrit sur la reddition de la Place de Péronne.

Je ne suis pas militaire ; une grande pénurie d'officiers après le désastre de Sedan, quelques légers services rendus en 1848, m'ont valu l'honneur d'être appelé, malgré mon grand âge, à organiser une légion dans la Somme ; je suis loin d'être une autorité pour la défense ; le bon sens et l'équité sont mes seuls guides pour juger les faits qui ont précédé et amené la capitulation de notre forteresse.

Pendant six mois, la Place de Péronne, tête de ligne au Sud des places fortes du Nord, n'a vu ni général, ni officier supérieur pour inspecter ses remparts, son armement, sa garnison, ses embrasures, ses casemates et ses abris. Pour défendre ses approches, la ville, dominée par des crêtes abritées elles-mêmes par des plis de terrain éminemment favorables à l'ennemi, ne possédait ni redoutes, ni ouvrages avancés, ni points d'embuscades préparés. Les remparts, armés de quarante et quelques pièces, en demandaient quatre-vingt-dix à cent. Les deux tiers de la garnison n'avaient jamais brûlé une amorce. Faire des sorties avec des troupes à moitié équipées, munies d'armes à percussion contre des assaillants prêts à répondre cinq coups pour un, c'était aller au-devant d'un désastre, découvrir notre faiblesse à l'ennemi et décourager les défenseurs de nos remparts, décidés à repousser toute attaque de vive force, à l'abri des banquettes.

Notre rôle était donc tout tracé... tenir le plus longtemps possible pour faciliter les opérations de l'armée du Nord et attendre son secours. C'est ce qui a été fait au prix de plus de quatre millions de sacrifices par une petite ville de quatre mille âmes et d'une mortalité postérieure au siége sans exemple en France.

Pendant la bataille de Bapaume, dont nous entendions distinctement le canon, nous avons cru à une prochaine délivrance.... et malgré les protestations d'un certain nombre d'habitants, malgré nos ruines qui s'amoncelaient de jour en jour, nous avons réussi à faire prendre patience à la population et à tenir encore pendant sept fois vingt-quatre heures.

Oui, Général, comme on vous l'a fidèlement rapporté, nos murailles étaient presqu'intactes ; mais quand un système de guerre est changé de tout au tout, quand l'ennemi *(sous prétexte d'évitement du sang)* ne s'attache qu'à détruire les hôpitaux, les églises, les monuments publics et ne cherche qu'à ensevelir les populations passives sous les ruines des habitations ; quand une nation longuement préparée se glorifie de ne faire la guerre qu'aux femmes, aux enfants, aux infirmes et aux vieillards enfermés dans les places fortes ; quand enfin nos comités de défense de haut lieu, esclaves jusqu'au dernier jour d'un formalisme excessif et hors de saison, n'ont rien préparé pour protéger les citoyens, la loi militaire faite pour d'autres temps perd de son prestige, de sa rigidité et devient inapplicable : l'élément civil alors se croit autorisé à intervenir dans les conseils de défense et à dire son mot dans les délibérations.

Partisan déclaré d'une défense proportionnée aux moyens de résistance mis à la disposition de la Place, le Conseil, harcelé par une population ruinée, privé des nouvelles de l'armée et des émissaires envoyés au-devant d'elle, découragé par le silence de l'entourage de la ville et de cette même armée, ce Conseil, dis-je, a reculé devant une dernière menace, devant un anéantissement complet... il a capitulé, non pas *scélératement*, comme l'ont écrit dans les premiers moments quelques journaux mal renseignés et qui ont depuis reconnu leur erreur, mais avec des conditions relativement honorables, conditions qui n'ont été accordées par l'ennemi *qu'en raison de la résistance énergique de la ville*... et si une protestation contre la reddition de la Place a été rédigée après coup par quelques officiers de la garnison, il faut croire que ces officiers ont obéi à un sentiment que nous partagions tous... le regret d'abandonner à l'ennemi un matériel et des remparts presqu'intacts.

Rien n'a été négligé dans notre petite Place pour aider l'armée du Nord et lui servir de point d'appui : c'est ainsi que pour résister plus longtemps, l'élément civil a été autorisé à demander à l'ennemi l'évacuation des malades, la sortie des femmes, des enfants et des infirmes, la réponse a été négative : affirmative, je ne crois pas trop présumer de la bonne volonté de nos concitoyens, délivrés de tout souci, en affirmant que l'ennemi n'aurait pénétré dans nos murs qu'après un siège régulier.

Nos ruines, sans précédents dans cette guerre, attestent que nous avons fait ici notre devoir... et si nos officiers, de retour d'Allemagne, sur des rapports incomplets ou erronés, n'avaient pas eu à supporter d'injustes récriminations, accusés qu'ils étaient tout à la fois et d'une trop longue résistance et d'une reddition trop hâtive, je vous aurais épargné, Général, la lecture d'une lettre à laquelle je ne prétends pas donner les développements d'un rapport régulier.

Recevez, Général, l'expression de mes sentiments les plus dévoués.

G. GONNET.

———

QUATRIÈME ANNEXE

Extraits d'ordres prussiens concernant le bombardement de Péronne[1].

1er Janvier 1871.

Ordre de détachement pour les troupes qui cernent Péronne.

En prévision que Son Excellence le lieutenant-général de Barnekow n'ordonne pas autre chose, on commencera demain matin (2 janvier 1871) à 10 heures, le bombardement de la forteresse de Péronne, avec les pièces de siége établies sur les hauteurs de la Maisonnette [2].

Au même moment, les batteries (5 du 8e corps d'armée, et 3 de la 3e division de réserve) se trouvant sur la droite de la Somme, chacune de deux pièces (en tout 16 pièces), seront prêtes à concourir dans de bonnes conditions. Les pièces seront placées à au moins une distance de cent

1) Ces ordres étaient transcrits sur des carnets au crayon et ont été trouvés dans un poêle après l'évacuation d'Amiens. La traduction en a été faite par M. Daussy, avocat en cette ville.

(2) Cet ordre concerne la reprise du bombardement, qui, commencé le 28 décembre 1871, avait été interrompu le 31 décembre et le 1er janvier.

mètres d'intervalle. Les autres pièces et les fourgons resteront dans les cantonnements.

Bataillon de fusiliers 81, Doingt.

2 grosses batteries, Bruntel.

Batterie légère, Doingt.

4 escadrons de hussards, Bruntel.

Afin de couvrir les pièces de campagne, on se contentera
d'augmenter les avant-postes. (Pour les 6 pièces du 5e corps
d'armée, un escadron sur l'aile gauche, et une compagnie
de l'aile droite sera détachée sur l'aile gauche.) Quand le
feu des pièces de bombardement aura commencé, les pièces
de campagne plus haut mentionnées commenceront à tirer
pendant une heure, en tirant lentement et des coups bien
sûrs, seulement 15 coups par pièce, afin qu'il retombe un
coup de feu toutes les quatre ou cinq minutes par pièce.
Cela fait, les pièces retourneront dans leur cantonnement.
Cela sera recommencé les 3 et 4 janvier, chaque fois à
10 heures ; cependant on pourra changer les positions des
pièces en détail. Il est défendu d'outre-passer la quantité
de munitions ordonnée.

Si le feu des pièces de bombardement n'a pas commencé
à 11 heures le 2 janvier, les pièces retourneront sans tirer
dans leurs cantonnements, mais reprendront leurs positions
le 3 à 10 heures.

Le détachement sanitaire logera aujourd'hui sur la rive
gauche de la Somme. Pendant le bombardement, on enverra
un fourgon escorté des hommes nécessaires à Doingt.

Signé : VON LENDEN.

Combles, 1er Janvier 1873.

Le commandant des troupes qui cernent Péronne doit
commencer le bombardement le plus tôt possible et sans
interruption. Il faut qu'on y emploie aussi les batteries de

campagne. Mais il faut qu'elles soient toujours munies des munitions suffisantes, dans le cas où quelques opérations de campagne auraient lieu.

Signé : VON GŒBEN.

Combles, 2 Janvier, 9 heures du soir.

. . . . Pour demain j'ordonne ce qui suit :
. . . . 4o Le lieutenant-général de Barnekow est requis de mettre en marche les 4 batteries de la 2e division à pied (corps de marche no 8) avec 3 bataillons, de telle façon que ces troupes se trouvent à ma disposition à 9 heures près Saillisel (entre Bapaume et Péronne), sous le commandement d'un capable officier d'état-major.

L'attaque sur Péronne sera continuée comme aujourd'hui.

. . . . *Signé :* VON GŒBEN.

Boucly, 3 Janvier 1871, 1 h. 1/2 du matin.

Ordre pour l'armée d'occupation devant Péronne.

1o Doivent se tenir prêts à marcher à 7 heures et demie sur Sailly-Saillisel, sous le commandement du colonel de Gœben, le bataillon de fusiliers régiment no 19, et le bataillon de fusiliers no 69, ce dernier étant à Aizecourt, avec 4 batteries de la deuxième division à pied et un train de dragons d'Aizecourt-le-Haut.

2o Le colonel de Sell prendra la place d'avant-postes avant le départ des fusiliers du 19e, au nord de Doingt.

3o La 2e compagnie du 1er bataillon du 81e de Villers-Carbonnel, sera à 8 heures 1/2 à Cartigny.

4o Le colonel de Rosenziveig a à empêcher une sortie de là garnison sur Bapaume, dans une position concentrée près Aizecourt-le-Haut ; on met à sa dispositon un bataillon de fusiliers n° 29, plus une batterie de réserve de Cartigny qui se trouvera à 8 heures 1/2 à Aizecourt-le-Haut.

5° Les bataillons Hartman et Dresky resteront en position de bataille sur la rive gauche de la Somme et couvriront la batterie de siége.

6° L'état-major de la division ira à 9 heures 1/2 à Cartigny et y restera.

. . . . *Signé :* VON BARNEKOW.

14. Le lieutenant-colonel Hildebrandt prendra le commandement sur toutes les batteries de campagne devant Péronne.

15. Jamais et nulle part il ne faut placer de postes simples, toujours des postes doublés.

16. Les batteries doivent rapporter combien de coups elles ont tiré le 2.

NOTA. — Demain les batteries de campagne ne tireront pas.

. . . . Les fusiliers du 81ᵉ remplaceront aux avant-postes ceux du 19ᵉ, entre Bussu et Doingt.

Mardi 3 Janvier 1871.

1. Le détachement se concentrera à Montauban. Le 69ᵉ partira en même temps et marchera par Rancourt sur Mont-Saint-Quentin, où il sera placé sous les ordres du général Barnekow (colonel de Rosenziveig).

5. Le commandant des troupes d'investissement de Péronne continuera avec énergie le bombardement et maintiendra l'investissement aussi longtemps que la sécurité des troupes d'investissement le permettra. Il faut donc placer les avant-postes sur Bapaume et sur Cambrai.

. . . . *Signé :* VON GŒBEN.

— 235 —

4 Janvier 1871, 8 heures du soir.

4. Le commandant des troupes d'investissement de Péronne doit faire en sorte que les pièces et munitions de La Fère soient amenées le plus tôt possible à Villers-Carbonñel et mises à la disposition du colonel de Runke. Le colonel de Runke doit faire venir immédiatement les munitions qui se trouvent disponibles à Amiens.

Signé : Von Goeben.

DERNIÈRE SOMMATION

Cartigny, 9 Janvier 1871.

A Monsieur le Commandant de la Place de Péronne.

Monsieur,

Après le départ des troupes françaises qui ont combattu près de Bapaume les 2 et 3 janvier, ainsi que comme la Place de Péronne a été cernée et bombardée, il me semble que la défense ultérieure de la Place n'aurait pas de raison d'être.

J'ai donc l'honneur, Monsieur le Commandant, de vous proposer de faire cesser une défense désormais inutile, en vous promettant, Monsieur le Commandant, qu'en vertu de votre résistance énergique, je vous accorderai des conditions honorables.

J'ajouterai que la prolongation des hostilités ferait plus de mal à la ville de Péronne qu'à l'armée prussienne, raison de plus pour ne pas défendre plus longtemps un point fortifié qui n'a aucun espoir d'être débloqué.

J'attendrai la déclaration de vos intentions jusqu'à onze heures.

En cas que vous ne seriez pas d'accord de traiter avec moi, je continuerai le bombardement de la Place avec les batteries de siége qui viennent d'arriver et d'être mises en position.

Le général de division,

Signé : Von Barnekow.

CINQUIÈME ANNEXE

SIÉGE DE PÉRONNE

Extrait des États de proposition pour des récompenses à accorder aux Militaires et Gardes nationaux qui se sont distingués dans la défense de cette Place.

POUR CHEVALIER DE LA LÉGION D'HONNEUR

(Etat de proposition du 10 mai 1871).

Etat-major des Places :

DONIE, portier-consigne de 1re classe.

Garde nationale sédentaire :

LEFEVERE, garde national faisant fonctions d'adjudant de Place;

CADOT, Louis, fils, chef de bataillon, commandant la garde nationale.

Service de santé :

ANDRÉ, fils, médecin civil.

(Etat de proposition du 2 janvier 1872).

Service de santé :

POUCHAIN, médecin civil.

POUR LA MÉDAILLE MILITAIRE

(Etat de proposition du 10 mai 1871).

Garde nationale sédentaire :

STOLL, sergent (2me compagnie);
GAUDEFROY, Félix, caporal (2me compagnie);

Sapeurs-Pompiers :

GADDY, sergent;
GOURDIN, père, pompier volontaire, 63 ans

(Etat de proposition du 2 janvier 1872).

Garde nationale mobilisée de la Somme, 3me légion, 3me bataillon :

BAILLY, Théodule, garde mobilisé (3e compagnie).

2me Batterie d'artillerie de la Mobile de la Somme :

RICAUX, canonnier.

6me Bataillon de la Mobile de la Somme, 8me compagnie :

BOUCHER, garde mobile, artilleur auxiliaire ;
BELLIER,   id.   id.
CHARRE,   id.   id.

Garde nationale sédentaire :

LEGRAND, caporal (2e compagnie).

État nominatif des personnes citées à M. le Ministre de la Guerre par le Commandant de la Place, comme s'étant distinguées dans la défense de Péronne (déduction faite de celles qui ont été proposées pour des récompenses).

2me Batterie d'artillerie de la Mobile de la Somme :

DEHAUSSY, Léon, capitaine commandant la batterie ;
PANIEN, lieutenant ;
FRANÇOIS, adjudant sous-officier.

3me Légion de Mobilisés de la Somme, 3me bataillon :

BOUTIOT, capitaine commandant le bataillon ;
LEPAGE, Camille, lieutenant faisant fonctions d'adjudant-
    major.

Garde nationale sédentaire :

DOUAY, Charles, capitaine (1re compagnie) ;
DIEPPE, Amédée, capitaine (3me compagnie) ;
CARABY, Achille, lieutenant (2me compagnie) ;
GONNET, Amazan, garde national volontaire (1re compa-
    gnie);

GAUDEFROY, Emile, garde national (2ᵐᵉ compagnie);
ARCANGER, Charles, garde national (2ᵐᵉ compagnie);
FONTAINE, père, garde national (1ʳᵉ compagnie);
CHOCU, garde national volontaire.

Sapeurs-Pompiers :

FRESSIER, sapeur-pompier.

Service de santé :

CADOT, père, administrateur de l'Hospice ;
Les Sœurs de Saint-Vincent-de-Paul, attachées à l'Hospice.

Pour extrait conforme :

Blangy-les-Arras, le 10 juin 1872.

Le Chef de Bataillon, ex-Commandant de la Place
de Péronne,

GARNIER.

SIXIÈME ANNEXE

AVIS DU CONSEIL D'ENQUÊTE

(Extrait du procès-verbal de la séance du 7 Mai 1872.)

Le Conseil d'enquête,

Vu le dossier relatif à la capitulation de la Place de Péronne,

Vu le texte de la capitulation,

Sur le rapport qui lui en a été fait,

Ouï MM. le commandant Peyre, ex-commandant du génie et précédemment sous-préfet de Péronne ;

Le commandant Bonnault, ex-commandant de l'artillerie ;

Le commandant Garnier, ex-commandant de la Place ;

Après en avoir délibéré,

Exprime comme suit son avis motivé sur ladite. capitulation :

Au moment où l'ennemi se présenta devant la Place de Péronne, ses fortifications étaient en bon état. Son armement consistait en 49 bouches à feu, chiffre inférieur de moitié environ à celui de l'armement normal.

Les approvisionnements en munitions, poudres et projectiles, étaient de même très-insuffisants. Quant aux vivres, il en restait pour 15 jours au moment de la capitulation.

La garnison, forte de trois mille hommes environ, se composait de bataillons de garde nationale mobile et mobilisée ; de 139 hommes du 43e régiment de ligne et de 131 fusiliers-marins. Cette dernière troupe, dans laquelle se trouvaient bon nombre d'hommes habitués au service des pièces, rendit de grands services par sa discipline, sa fermeté, son instruction militaire, et servit d'appui et d'exemple à la garde nationale.

Le 30 novembre, l'ennemi s'approcha une première fois de la Place, lui fit plusieurs sommations de se rendre qui furent repoussées, s'éloigna et reparut le 25 décembre pour l'investir.

Le bombardement, commencé le 28 décembre, suspendu à plusieurs reprises par suite des mouvements de l'armée française du Nord, fut poursuivi jusqu'au 9 janvier.

Le feu de l'artillerie ennemie, auquel la Place répondit d'abord avec succès, prit plus tard une grande intensité. Il fut surtout dirigé sur la ville et détruisit une partie des maisons ; les fortifications restèrent intactes.

Dès que l'incendie éclata, la garde nationale et les pompiers, effrayés des dangers que leur faisaient courir les projectiles ennemis, cessèrent tout service, et, pour comble de malheur, la rivière qui entoure la Place de ses eaux gela par un froid très-intense.

Le commandant Garnier, trop facilement impressionné

par les plaintes réitérées des autorités civiles et des habitants, redoutant un assaut rendu possible par la congélation de la Somme, comptant peu sur le courage de ses troupes qui cependant ne donnaient aucun signe de faiblesse, accueillit, le 9 janvier, et soumit au Conseil de défense les propositions de l'ennemi tendant à une capitulation.

Le Commandant de Place, malgré la protestation du Commandant du Génie, malgré les recommandations récentes du général en chef de l'armée du Nord, ne tenant point compte de l'importance de Péronne dans la suite des opérations militaires, de la proximité de l'armée française, des pertes peu considérables de la garnison qui ne comptait que 16 tués et 52 blessés, et oubliant sa lettre du 28 décembre au général ennemi, dans laquelle il le prévenait qu'il défendrait la Place jusqu'à la dernière extrémité, se rendit à l'avis de la majorité du Conseil de défense et conclut une capitulation avec l'ennemi.

En conséquence de ces faits, le Conseil d'enquête blâme le commandant Garnier d'avoir rendu la Place dont le commandement lui était confié, sans s'être conformé aux prescriptions de l'article 255 du décret du 13 octobre 1863, et d'avoir accepté, dans la capitulation, la clause en vertu de laquelle les officiers, qui engageraient leur parole de ne pas servir contre l'Allemagne pendant la guerre, étaient autorisés à rentrer dans leurs foyers, séparant ainsi leur sort de celui de la troupe, contrairement à l'article 256 du décret précité.

Pour extrait conforme :

Le Président du Conseil d'enquête,

Signé : Baraguey-d'Hilliers.

PROTESTATION DE M. LE COMMANDANT GARNIER

CONTRE L'AVIS DU CONSEIL D'ENQUÊTE

A Son Excellence M. le Ministre de la Guerre

Blangy-lès-Arras, le 15 Juin 1872.

Monsieur le Ministre,

J'ai l'honneur de vous accuser réception de l'avis du Conseil d'enquête sur la capitulation de Péronne, que vous avez bien voulu me notifier.

La lecture de ce document, qui est pour moi d'une si grande importance, m'a causé une surprise et une émotion d'autant plus pénibles que j'avais apporté le plus grand soin à vous faire connaître, avec la plus grande sincérité, les faits et circonstances qui m'ont forcé de mettre fin à une résistance devenue impossible.

Le rapport que j'ai eu l'honneur de vous adresser le 10 mai 1871, ainsi que les pièces authentiques qui y sont jointes, me paraissaient défier toute contradiction, et, cependant, le Conseil d'enquête semble n'en avoir tenu que très peu de compte dans son appréciation et s'être inspiré de renseignements erronés provenant d'une autre source, mais qui ne peuvent avoir été donnés par des témoins oculaires du bombardement de Péronne.

Lors de ma comparution devant le Conseil d'enquête, j'étais tellement convaincu qu'il était complétement éclairé par les pièces que j'avais produites et par les rapports des chefs de service de l'artillerie et du génie, que j'ai cru devoir, par convenance, me borner, dans ma déposition, à répondre aux questions qui m'ont été adressées par M. le Président du Conseil. Ma réserve a-t-elle été mal interprêtée par le Conseil? Je le crains.

16

Malgré mon plus profond respect pour les hommes honorables qui ont eu à examiner et à apprécier la capitulation
de Péronne, ma conscience m'oblige, Monsieur le Ministre,
à vous signaler et à rectifier les inexactitudes, bien invo-
lontaires sans doute, que contient leur avis motivé et qui
me concernent plus particulièrement.

AVIS DU CONSEIL D'ENQUÊTE	OBSERVATIONS DU COMMANDANT DE LA PLACE.
. . . . Le bombardement, commencé le 28 décem-bre, suspendu *à plu-sieurs reprises par suite des mouvements de l'ar-mée française du Nord,* fut poursuivi jusqu'au 9 janvier.	Le bombardement n'a pas été suspendu *à plusieurs reprises;* il ne l'a été qu'une seule fois, pen-dant 2 jours, le 31 décembre et le 1er janvier, après avoir duré trois jours, et cette suspension a eu lieu par suite des pertes im-portantes infligées par l'artillerie de la Place à celle de l'ennemi, qui a été obligé de renoncer à son système d'attaque par de l'artillerie de campagne placée à découvert. Qu'on n'enlève donc pas aux défenseurs de Péronne ce succès, le seul qu'il leur ait été possible d'obtenir, pour l'attribuer *aux mouvements de l'armée du Nord* qui ne s'est mise en marche que le 2 janvier, (c'est le général Faidherbe qui le dit dans sa brochure, page 43), pour s'oppo-ser au bombardement de Pé-ronne. On sait que dès le 3 jan-vier, au soir, après la bataille de Bapaume, l'armée du Nord ré-

trogradait vers Arras. Ce *mouvement* n'était pas de nature à faire
suspendre le bombardement qui
avait recommencé le 2, au matin,
pour n'être plus interrompu.

Le feu de l'artillerie ennemie auquel la Place répondit d'abord avec succès, prit plus tard une grande intensité. Il fut surtout dirigé sur la ville et détruisit *une partie des maisons;* les fortifications *restèrent intactes.*

J'en demande pardon au rédacteur de l'avis du Conseil, mais l'expression : *détruisit une partie des maisons* me semble bien vague et insuffisante pour peindre l'immense désastre éprouvé par la ville de Péronne ; car, pendant la dernière guerre, aucune ville n'a souffert d'un bombardement dans une aussi grande proportion, et le détail des dégâts se trouve au dossier.

Ses fortifications restèrent intactes. Sans doute, le feu de l'ennemi ne leur fit pas grand mal. Mais des fortifications ne sont pas *intactes* quand leurs fossés pleins d'eau se trouvent comblés par les glaces et que les ponts-levis des portes, brisés par la gelée, ne fonctionnent plus. C'était le cas de Péronne.

Le Commandant Garnier, *trop facilement impressionné par les plaintes réitérées* des autorités civiles et des habitants, redoutant un assaut

Trop facilement impressionné! Je proteste très respectueusement, mais aussi très énergiquement, contre cette allégation. Comment! depuis le 29 décembre jusqu'au 9 janvier, c'est-à-

rendu possible par la congélation de la Somme, comptant peu sur le courage de ses troupes *qui cependant ne donnaient aucun signe de faiblesse,* accueillit le 9 janvier et soumit au Conseil de défense les propostions de l'ennemi, tendant à une capitulation.

dire pendant 12 jours, je reste inflexible, non pas seulement devant des *plaintes,* mais devant les délibérations du Conseil municipal, les lettres du Maire, les nombreuses pétitions, les prières et les supplications des habitants demandant la reddition de la Place, et l'on trouve que je me suis laissé *trop facilement impressionner !* Mais s'il en eût été ainsi, j'aurais capitulé le 29 ou le 30 décembre, après 24 ou 48 heures de bombardement, et lorsqu'une grande partie de la ville était en feu. Sans doute, je n'ai pu être tout-à-fait insensible aux trop vives souffrances de la population, mais le vrai, le seul motif qui m'a déterminé à capituler, je l'ai dit dans mon rapport, je le répète ici : C'est l'impossibilité où je me trouvais de me défendre contre l'attaque formidable qui allait avoir lieu dans la nuit du 9 au 10 janvier par des moyens puissants de destruction (52 pièces de siége) accumulés sur un seul point, et qui aurait anéanti ce qui restait de la ville, une grande partie de la population et de la garnison. L'artillerie de la Place ne pouvait rien contre cette attaque, le commandant de l'artillerie me l'avait déclaré ; 5 à 6 de nos pièces,

seulement, avaient des vues sur
celles de l'ennemi, et nous allions
manquer de projectiles. Attendre
cette catastrophe eût été, à mes
yeux, un acte de folie et agir
dans l'intérêt de l'ennemi, puisque j'étais dans l'impuissance
de lui faire aucun mal. Le général Barnekow était lui-même
effrayé de ce qu'il allait faire ;
il le disait à son hôte, à Cartigny,
le 9 janvier, au matin, avant de
m'écrire *pour essayer de vaincre
mon entêtement ;* c'est son expression.

Le Conseil d'enquête, mieux
éclairé, eût compris cette situation extrême et m'en eût tenu
compte dans son appréciation.

*Les troupes ne donnaient cepen-
dant aucun signe de faiblesse !*

On avait les plus grandes difficultés, au milieu du désordre que
présentait la ville, à les trouver
et à les réunir.

Elles manquaient complètement d'instruction et d'esprit
militaires.

Elles ne dormaient pas depuis
13 jours et ne pouvaient pas
dormir.

Elles souffraient horriblement
du froid, les hommes n'ayant pas
de capotes et étant mal abrités
par une température de 12 à 15
degrés.

Elles étaient découragées par la population et aussi par le sentiment de leur impuissance à pouvoir se défendre.

La moitié des fusils, à tabatière, était hors d'état de faire feu.

Ce sont bien là, je pense, *des signes de faiblesse.*

Le commandant de Place, malgré la *protestation* du commandant du Génie, malgré les recommandationsrécentes du général en chef de l'armée du Nord, *ne tenant point compte* de l'importance de Péronne dans la suite des opérations militaires, de la *proximité* de l'armée française, des pertes peu considérables de la garnison qui ne comptait que 16 tués et 52 blessés, et *oubliant* sa lettre du 28 décembre au général ennemi dans laquelle il le prévenait qu'il défendrait la Place jusqu'à la dernière extrémité, se rendit à l'avis de la majorité du Conseil de défense et conclut une

La commandant du Génie n'a point, que je sache, fait de *protestation*. Dans la séance du Conseil de défense où a été discutée la capitulation, il a émis son avis en le motivant, conformément au règlement. Du reste, cet avis ne différait du mien que par la lourde responsabilité qui pesait sur moi....

Ne tenant point compte de l'importance de Péronne, etc.

Ainsi, une armée française de secours, *victorieuse*, est à *proximité* de Péronne assiégée; pendant 7 jours elle ne fait rien pour dégager cette Place, et on me reproche de n'avoir pas tenu compte de l'importance de Péronne pour la suite des opérations militaires ! Est-ce bien à moi que revient ce reproche ? Je ne le pense pas.

Les pertes de la garnison, par le feu, étaient en effet peu consi-

capitulation avec l'ennemi.

dérables, tout le monde, pendant un bombardement, cherchant à s'abriter le mieux possible ; mais il arrive un moment où les abris viennent à manquer, et ce moment était arrivé. L'état nominatif des blessés, que j'ai fourni, en constate 61 (et ils n'y sont pas tous) et non 52, nombre donné dans l'avis du Conseil où l'on passe sous silence le mauvais état sanitaire de la ville et les 225 malades à l'ambulance\ que l'on ne pouvait plus soigner que très imparfaitement.

Ma lettre du 28 décembre au général ennemi était ce qu'elle devait être, digne et ferme. Je ne l'ai point *oubliée* ; j'en ai tenu compte jusqu'à la fin.

En conséquence de *ces faits*, le Conseil d'enquête blâme le commandant Garnier d'avoir rendu la Place dont le commandement lui était confié *sans s'être conformé aux prescriptions de l'article 255 du décret du 13 octobre 1863*, et d'avoir *accepté* dans la capitulation la clause en vertu de laquelle les officiers qui engageraient

Il est vrai qu'il n'y avait pas à la Place de brèche proprement dite, mais deux de ses trois portes étaient ouvertes et elle était accessible de tous côtés par les glaces.

Quant à la clause par *l'acceptation* de laquelle je suis blâmé, elle avait été insérée dans presque toutes les capitulations qui ont précédé celle de Péronne, une des dernières. Je n'étais pas libre de la refuser ; l'ennemi l'imposait, dans son intérêt. J'ai

leur parole de ne pas servir contre l'Allemagne pendant la guerre, étaient autorisés à rentrer dans leurs foyers, séparant ainsi leur sort de celui de la troupe, *contrairement* à l'article 256 du décret précité. vivement regretté de voir en profiter un grand nombre d'officiers de mobiles et de mobilisés. Mais je me suis conformé de tout cœur, pour ce qui m'a été possible, aux prescriptions du dernier paragraphe de l'article 256 qui concerne parculièrement le commandant de la Place et duquel, cependant, on a déduit un des motifs du blâme qui m'est infligé.

De l'examen attentif de l'avis du Conseil d'enquête, il résulte pour moi, Monsieur le Ministre, la conviction douloureuse que l'enquête sur la capitulation de Péronne a été très incomplète. Tous les faits pouvant m'attirer des reproches me paraissent avoir été recherchés et relevés avec beaucoup de soin, tandis que ceux qui auraient pu me valoir des éloges ou au moins une approbation, et atténuer les reproches et le blâme qui m'ont été infligés si sévèrement, ont été passés sous silence. Je me permettrai de vous en citer quelques-uns.

Avec une garnison des plus défectueuses et sans cesse renouvelée j'ai su, avant le siége, tenir l'ennemi à distance de la Place en lui faisant éprouver des pertes sensibles.

Après la capitulation, la garnison est sortie de la Place avec les honneurs de la guerre, c'est-à-dire avec armes et bagages et musique en tête, passant devant l'armée prussienne sous les armes, en dehors de Péronne. (Les fusils ont été brisés en les rendant à 2 kilomètres des fortifications).

L'armée Prussienne n'est entrée dans la Place qu'une heure après la sortie de la garnison.

Les officiers qui sont allés en captivité ont emporté *leurs armes* et leurs effets, et ont emmené leurs ordonnances.

Ce qui restait de vivres, après avoir fait une large distribution, a été partagé par moitié entre les habitants ruinés et l'armée prussienne.

Aucun impôt n'a été levé, aucune réquisition n'a été faite dans la ville, en raison du désastre qu'elle avait éprouvé.

Ces faits et ces conditions, relativement honorables, paraissent être restés ignorés du Conseil, ou il n'a pas cru devoir en tenir compte.

Je ne doute pas un instant, Monsieur le Ministre, que le Conseil d'enquête, mieux éclairé, eût apprécié avec plus de justice les services que j'ai rendus jour et nuit, non-seulement pendant le siége, mais pendant toute la durée de la guerre, dans la Place de Péronne où je suis resté abandonné sans avoir un seul officier pour me seconder et la plupart du temps sans cartouches.

Mes services antérieurs me semblaient également mériter d'être pris en considération.

Je suis avec le plus profond respect,

Monsieur le Ministre,

Votre très humble et obéissant serviteur,

Signé : GARNIER.

HUITIÈME ANNEXE

PROTESTATIONS DIVERSES

A Monsieur le Maréchal Baraguey-d'Hilliers, président du Conseil d'enquête sur les capitulations.

Monsieur le Maréchal,

Le *Journal officiel* de ce jour m'apporte l'avis du Conseil d'enquête sur la capitulation de Péronne.

Je ne veux pas différer de vingt-quatre heures ma réclamation contre des considérants que j'ai le droit de regarder, en ce qui me concerne, comme injurieux dans leur défaut de précision ; je la formule sous le coup d'une profonde émotion ; si je venais à m'écarter, dans l'expression de la respectueuse déférence que je dois aux décisions du Conseil, veuillez, monsieur le maréchal, être assez indulgent pour faire la part d'une douloureuse et légitime irritation.

Je laisse aux braves gens de la garde nationale de Péronne qui, dans leur petit nombre, ont sauvé l'honneur de la ville, le soin de réclamer contre la flétrissure dans laquelle ils se trouvent englobés ; il y a plus d'un an, alors que j'étais en fonctions, je les ai nominativement signalés ; ceux qui ont fait leur devoir sauront bien rejeter sur d'autres, à qui elle incombe, la responsabilité de tristes défaillances.

Mais que le Conseil déclare, avec l'autorité qui s'attache à ses affirmations, que le commandant de la Place *s'est laissé trop facilement impressionner par les plaintes réitérées des autorités civiles...* Voilà, monsieur le maréchal, ce que, pour moi-même comme pour l'honneur du gouvernement que je représentais, je ne puis laisser passer sans y opposer la plus respectueuse, mais aussi la plus énergique protestation !

Les autorités civiles ! qui donc faut-il entendre par ces vagues expressions ?

Est-ce de la municipalité qu'il s'agit ou bien du fonctionnaire représentant à Péronne le pouvoir central ?

La municipalité, je n'ai point à la défendre ; elle comptait parmi ses membres des hommes qui, eux aussi, ont le droit de parler haut ; ils exposeront, s'il leur plaît de le faire, les luttes qui s'élevaient dans leur conscience, à la vue d'une ville détruite et d'une population en proie à la terreur et à la maladie, entre leur patriotisme d'une part et de l'autre leurs obligations plus étroites envers leurs concitoyens.

Quant à moi, mon devoir était plus nettement précisé : sous-préfet de l'arrondissement, dans des circonstances sans précédents ; investi par la confiance de mes chefs, de l'autorité civile dans toute sa plénitude, j'avais vu mon humble situation grandir avec les événements ; je représentais sur ce point du territoire, non pas un arrondissement, mais la France, et je ne l'ai pas un instant oublié.

Et le Conseil, monsieur le maréchal, savait à quoi s'en tenir sur mon attitude à Péronne ; mon nom a été plusieurs fois prononcé pendant l'enquête par un des hommes les plus estimables que je connaisse, mon prédécesseur à la sous-préfecture, le brave et loyal commandant Peyre.

Par qui, des deux autres officiers entendus, ce qu'il a dit de moi aurait-il pu être infirmé ?

Est-ce par M. de Bonnault, la droiture incarnée ?

Mais non ; celui-là aussi a dit la vérité.

Par le commandant Garnier? C'est également impossible.

M. Garnier, dans son rapport au général en chef de l'armée du Nord, se louait du concours du sous-préfet Blondin, homme plein de cœur et d'énergie (je suis bien obligé, quoi qu'il m'en coûte, de citer textuellement).

Il existe donc, j'en demande pardon à M. le secrétaire du Conseil, un vice de rédaction dans le procès-verbal de la séance du 7 mai, et le conseil me saura gré, je l'espère, de le lui avoir signalé.

Ou bien c'est de propos délibéré, et sur une accusation portée en dehors des témoignages cités plus haut, que les autorités civiles de Péronne, sans exception, sont signalées comme coupables de faiblesse, et alors il existe quelque part un calomniateur dont j'ai le devoir de demander le nom, pour lui infliger un de ces démentis qu'on soutient par tous les moyens à la disposition d'un homme de cœur.

Quoi qu'il en soit, je ne crois pas avoir à insister davantage auprès des soldats français qui n'ont jamais manqué à l'honneur, ni à m'excuser autrement de ma susceptibilité.

Il ne me reste plus qu'à vous prier, monsieur le maréchal, de vouloir bien agréer, etc.

Albert BLONDIN,
Ancien sous-préfet de Péronne.

31 mai 1872.

A Monsieur le Ministre de la Guerre.

Monsieur le Ministre,

Sous la date du 7 mai 1872, le Conseil d'enquête a pro
noncé son jugement sur la capitulation de Péronne.

Le 31 du même mois, M. Blondin, sous-préfet de cette
ville pendant le bombardement, adressait à Monsieur le
maréchal Baraguey-d'Hilliers une protestation motivée sur
les considérants du jugement.

Comme membre du conseil de défense de la place et de la
commission municipale, comme citoyen de la ville, je m'as-
socie sans réserve aux plaintes légitimes du premier magistrat de l'arrondissement, dont l'attitude virile, avant et
pendant le siége, a été un encouragement pour tous.

Permettez-moi, Monsieur le Ministre, d'ajouter quelques
observations à cette protestation si digne de M. Blondin.

Lorsque la justice est appelée à prononcer sur le sort,
l'honneur ou la considération d'un citoyen ou d'une collec-
tion de citoyens, son premier soin avant de rendre un
verdict, est de s'entourer de tous les renseignements de
nature à éclairer sa religion. — Est-ce ainsi qu'a procédé
le Conseil d'enquête ? S'il avait fait appeler à sa barre le
Conseil de défense en entier, avec les principaux représentants de l'autorité civile pendant le bombardement, au lieu
de s'en rapporter, comme on est tenté de le supposer, à des
témoignages occultes, il est à croire que les considérants du
jugement, remplis d'inexactitudes, auraient été modifiés en
faveur d'une population, dont les souffrances et les pertes,
dans la dernière guerre, sont peut-être sans précédents. Il
n'est même pas douteux que le blâme infligé au commandant Garnier, à ce brave militaire déjà si éprouvé par la
calomnie, aurait fait place à une plus juste appréciation de
ses efforts pour utiliser les faibles moyens de défense mis à
sa disposition.

Sans doute, Monsieur le Ministre, ici comme ailleurs, des
défaillances se sont produites ; elles ont causé un grand

mal et paralysé les meilleures dispositions d'une population résignée à tous les sacrifices; mais à côté de quelques hommes, influents il est vrai, mais peu nombreux, qui prêchaient la soumission immédiate et décourageaient les défenseurs de la ville, il y avait d'autres citoyens résolus à faire leur devoir. L'histoire locale, j'en conviens, appréciera tôt ou tard comme elle le mérite la conduite des premiers, mais les seconds n'en restent pas moins, de par le Conseil d'enquête, sous le coup d'une flétrissure imméritée. Les vrais coupables n'appartiennent pas aux autorités civiles qui remplissaient leur devoir, à ciel ouvert, tout en désirant la cessation d'une lutte inégale contre un ennemi invisible, cherchant à écraser la population sous des ruines; ils n'appartiennent pas davantage aux autorités militaires qui ont tout fait pour prolonger une résistance devenue impossible, grâce à l'incurie et à l'ineptie du gouvernement déchu. Les vrais coupables sont ceux-là seuls qui n'ont rien prévu pour repousser une troisième invasion, rien préparé pour la défense de nos places fortes et ont cru avoir assez fait pour le pays en envoyant dans nos arsenaux et sur nos remparts un matériel défectueux, incomplet et un armement dérisoire.

Quant à la garde nationale sédentaire, que j'ai eu l'honneur de commander pendant plusieurs années, et à laquelle je dois une partie des distinctions dont j'ai été honoré, je laisse à son nouveau et digne commandant le soin de la défendre et d'en appeler à votre justice, comme je le fais pour tous ceux qui, pendant les treize jours du bombardement de la ville de Péronne, ont concouru à la défense de cette Place.

Daignez recevoir, Monsieur le Ministre, l'expression de mon respect et de mon dévouement.

G. GONNET,

Officier de la Légion d'honneur, ex-lieutenant-colonel commandant la 3e légion de la Somme.

Monsieur le Ministre,

L'avis du Conseil d'enquête sur la capitulation de Péronne porte, contre la garde nationale et les pompiers de cette ville une accusation générale dont le Conseil n'a peut-être pas mesuré toute la portée.

Appelé par les circonstances à commander la garde nationale de Péronne pendant le siége, je dois aux hommes qui ont donné l'exemple d'un dévouement sans limite, de repousser le blâme immérité qui les atteint. Si j'ai tardé à le faire, c'est que pour donner à cette protestation le ton modéré qui lui convient, il m'était nécessaire de laisser passer la légitime indignation du premier moment.

Le bombardement de Péronne commença le 28 décembre 1870, à deux heures de l'après-midi. Malgré la soudaineté et la violence de la première attaque, les officiers de la compagnie qui était de service se rendirent immédiatement au poste de la Place d'Armes pour attendre les ordres et organiser les secours. Il fallut quelque temps pour rassembler du monde, mais à quatre heures et demie on luttait avec trois pompes contre d'immenses incendies qu'on était impuissant à éteindre, mais qu'on s'efforçait de circonscrire. Il ne fallait pas s'arrêter un seul instant, car l'eau gelait dans les pompes et aurait crevé les tuyaux.

C'est à ce travail que gardes nationaux et pompiers, aidés de quelques mobilisés, passèrent la première nuit du siége sous une pluie de six cents projectiles par heure.

Le lendemain 29, on put organiser plus complétement les services ; des postes furent spontanément établis dans tous les quartiers pour pourvoir aux mesures urgentes, protéger la boulangerie dont la fumée était un point de mire pour l'ennemi, et se porter rapidement au secours des incendiés. C'est ainsi qu'on put arrêter à leur début beaucoup d'incendies et éviter à la ville de plus grandes ruines.

Jusqu'à la fin du siége, les gardes nationaux et les pompiers, répartis en six postes différents, firent le service qui leur était demandé, et le seul qui fut dans leur rôle, eu égard aux circonstances.

Leur place n'était pas aux remparts, dont l'ennemi n'a jamais cherché à s'approcher. Leur devoir consistait, suivant les ordres qu'ils avaient reçus, à arrêter autant que possible le fléau de l'incendie, et à raffermir par la virilité de leur attitude une population dont il est impossible de peindre les souffrances. Quelques-uns, hélas! ont failli à ce devoir ; mais il serait plus tôt fait de les nommer que de compter les actes de dévouement accomplis par les autres, et il est impossible de faire rejaillir sur tous les défaillances d'un petit nombre.

Aussi importe-t-il, Monsieur le Ministre, de connaître et de contrôler les renseignements sur lesquels le Conseil d'enquête s'est fondé pour accuser la garde nationale et les pompiers de Péronne d'avoir, au premier danger, cessé tout service.

De telles accusations, quand elles sont fausses comme l'est celle-là, et qu'elles empruntent toute leur gravité, non de la vérité des faits, mais seulement de la haute autorité qui les formule, constituent un véritable malheur public.

Il n'est pas bon de faire croire que des corps entiers ont dû être à ce point dégradés, qu'aucun sentiment d'honneur et de patriotisme ne les a retenus en face du péril et qu'ils ont déserté en masse leur devoir. Il n'est pas bon d'ajouter la honte à nos revers. Non, Monsieur le Ministre, nous ne sommes pas tombés si bas.

Ce qui nous permet au contraire, au milieu de notre deuil, de regarder avec espérance l'avenir de la Patrie, c'est le souvenir de tant de courage dépensé sans succès dans la dernière guerre.

J'ai vu à l'œuvre nos gardes nationaux et nos pompiers. Jamais je n'oublierai la conduite de ceux qui, pendant tout le siége, sans un instant de défaillance, ont donné l'exemple du plus entier dévouement. Certes, on a raison d'admirer l'élan du soldat dans la bataille ; mais on doit admirer davantage ce long sacrifice de la vie prolongé, treize jours durant, par ces hommes qui, abandonnant leurs familles dans la plus désolante situation, n'avaient plus d'autre pensée que leur devoir.

En voyant leur sang-froid au milieu du danger, leur constante énergie, la fermeté mêlée de douceur avec laquelle ils encourageaient à la résignation une population souffrante, on a pu dire avec raison que le péril a fait de ces bons citoyens de bons soldats.

Pour moi, qui reste leur témoin après avoir été leur chef, j'atteste qu'ils se sont conduits en hommes de cœur, et je repousse de toute mon énergie le blâme immérité qui leur est infligé par le Conseil d'enquête.

Veuillez agréer, etc.

L. CADOT.

Péronne, le 6 juin 1872.

ERRATA

Page 24 — 4me ligne, lire : Je n'en veux pour preuve que les passages suivants, etc.

Même page — 14me ligne, lire : Si vous les nommez, je crains bien que ce soit leur seule récompense.

Page 44 : Aux noms des Conseillers municipaux qui ont signé la capitulation, ajouter celui de M. Fontaine qui a été omis.

Page 98 — In fine, lire : M. A. Vermond, sous-lieutenant de Mobiles (canonniers auxiliaires), dont l'activité a toujours mérité les plus justes éloges, s'est distingué contre les pièces du Mesnil par un coup heureux qui en aurait culbuté deux.

Page 173 — 29me ligne, lire : J'y revois MM. Gonnet, Cadot, Douay, etc.

Page 179 — 24me ligne, lire : .... passait imperturbablement au milieu, etc.

Même page — 31me ligne, lire : .... se contente de crier flegmatiquement, etc.

Péronne — Typographie Récotré, Grande-Place, 15 et 17.